U0585411

中国农村

ZHONGGUO NONGCUN
SHEHUI SHIYE FAZHAN BAOGAO

社会事业发展报告

（2019）

农业农村部农村社会事业促进司

中国农业出版社
北 京

编辑委员会名单

前　言 FOREWORD

　　农村社会事业关乎民生，连接民心。习近平总书记指出："现阶段，城乡差距大最直观的是基础设施和公共服务差距大。农业农村优先发展，要体现在公共资源配置上。要把公共基础设施建设的重点放在农村，推进城乡基础设施共建共享、互联互通，推动农村基础设施建设提挡升级，特别是加快道路、农田水利、水利设施建设，完善管护运行机制。要加快推动公共服务下乡，逐步建立健全全民覆盖、普惠共享、城乡一体的基本公共服务体系。"党中央、国务院高度重视农村社会事业发展，聚焦广大农民群众对美好生活向往的迫切需求，出台一系列改善农村基础设施和公共服务的重大举措。各地各部门深化民生领域改革，出台政策措施，完善体制机制，不断增加对农村社会事业的投入，农村教育、医疗卫生、社会保障、文化体育、基础设施、人居环境等各项社会事业取得了明显进展，亿万农民的幸福感、获得感和安全感不断提升。

　　农村社会事业发展是"三农"工作的重要组成部分，也是乡村振兴的短板和弱项。要以习近平总书记关于"三农"工作重要论述为指导，深刻认识新时代农村社会事业发展的重要性和紧迫性，着力补上农村基础设施短板，改善农村人居环境，提升农村公共服务质量和水平，不断改善农村地区生产生活条件，推动农业全面升级、农村全面进步、农民全面发展，让农业成为有奔头的产业，让农民成为有吸引力的职业，让农村成为安居乐业的家园。

　　为反映党的十八大以来至 2018 年年底农村社会事业取得的重要进展，研判农村社会事业发展特征，探讨农村社会事业发展趋势和政策趋向，农业农村部农村社会事业促进司会同中国人民大学公共管理学院、南京林业大学农村政策研究中心研究形成了《中国农村社会事业发展报告（2019）》《我国农村社会事业核心指标与发展态势研究——基于近年来统计资料的分析》，梳理了党的十八大以来至 2018 年底中央出台的涉及农村社会事业政策文件及要点，现将这些成果公开出版，供大家参考，不足之处，请大家指正。

目 录 CONTENTS

前言

第一篇 | 中国农村社会事业发展报告（2019） / 1

一、农村社会事业发展的重要举措 / 1

二、农村社会事业发展的主要成效 / 37

三、农村社会事业发展的基本经验 / 69

四、农村社会事业发展存在的问题 / 71

五、农村社会事业发展面临的形势 / 83

六、未来农村社会事业发展的重点任务和政策趋向 / 86

第二篇 | 我国农村社会事业核心指标与发展态势研究 / 91
     ——基于近年来统计资料的分析

一、农村社会事业核心领域及指标构成 / 92

二、我国农村发展基本情况及特点 / 95

三、农村社会事业发展现状及特征 / 102

四、我国农村社会事业发展的重要启示 / 113

五、农村社会事业发展的国际经验 / 116

六、促进农村社会事业发展的思考及建议 / 120

第三篇 │ **党的十八大以来涉及农村社会事业政策文件及要点** / 125

    一、农村教育政策 / 125

    二、农村医疗卫生政策 / 142

    三、农村社会保障政策 / 149

    四、农村养老服务政策 / 161

    五、农村就业创业政策 / 163

    六、农村"三留守"关爱服务和农民工社会保障政策 / 166

    七、农村公共基础设施建设政策 / 170

    八、改善农村人居环境政策 / 180

    九、农村精神文明和农村文化发展政策 / 184

第一篇 中国农村社会事业发展报告（2019）

农村社会事业是关系农民基本生活质量和共同利益的社会公共事务，既包括农村教育、医疗卫生、文化体育、养老、社会保障等公共服务，也包括交通、供电、供水、通信、人居环境等公用事业。本报告重点阐述党的十八大以来到 2018 年底农村社会事业发展情况，主要包括农村教育、医疗卫生、社会保障、文化体育、基础设施、人居环境等发展情况。

农村社会事业发展是"三农"工作的重要组成部分，也是乡村振兴的短板和弱项。积极发展农村社会事业，补齐农村基础设施短板，开展农村人居环境整治，提升农村公共服务能力，确保农民群众共享改革发展成果，是推进乡村治理体系和治理能力现代化的必然要求，是实施乡村振兴战略的重要任务，对于夯实党的执政基础、巩固基层政权，促进农业基础稳固、农村和谐稳定、农民安居乐业，进而实现全面建成小康社会、乡村全面振兴具有重要意义。

一、农村社会事业发展的重要举措

以习近平同志为核心的党中央高度重视"三农"工作，高度重视农村公共服务、基础设施、人居环境等社会事业发展，作出了一系列重要部署。习近平总书记多次作出重要指示，提出明确要求，2013 年 12 月在中央农村工作会议上的讲话中强调："要不断提高农村基本公共服务的标准和水平，实现从有到好的转变，逐步推进城乡基本公共服务均等化。"2015 年 4 月在十八届中央政治局第二十二次集体学习时的讲话中强调："要完善农村基础设施建设机制，推进城乡基础设施互联互通、共建共享，创新农村基础设施和公共服务设施决策、投入、建设、运行管护机制，积极引导社会资本参与农村公益性基础设施建设。要推动形成城乡基本公共服务均等化体制机制，特别是要加强农村留守儿童、妇女、老人关爱服务体系建设。"2016 年 4 月在农村改革座谈会上的讲话中强调："教育、文化、医疗卫生、社会保障、社会治安、人居环境等，是广大农民最关心最直接最现实的利益问题，要把这些民生事情办好。新增教育、文化、医疗卫生等社会事业经费要向农村倾斜，社会建设公共资源要向农村投放，基本公共服务要向农村延伸，城市社会服务力量要下乡支援农村，形成农村社会事业发展合力，努力让广大农民学有所教、病有所医、老有所养、住有所居。"2017 年 12 月在《走中国特色社会主义乡村振兴道路》一文中指出："现阶段，城乡差距大最直观的是基础设施和公共服务差距大。农业农村优先发展，要体现在公共资源配置上。要把公共基础设施建设的重点放在农村，推进城乡基础设施共建共享、互联互通，推动农村基础设施建设提挡升级，特别是加快道路、农田水利、水利设施建设，完善管护运行机制。要加快推动公共服务下乡，逐步建立健全全民覆盖、普惠共享、城乡一体的基本公共服务体系。"2018 年 9 月在十九届中央政治局第八次集体学习时的讲话中强调："要健全多元投入保障机制，增加对农业农村基础设施建设投入，加快城乡基础设施互联互通，建立健全城乡基本公共服务均等化体制机制，推动公共服务向农村延伸、社会事业向农村覆盖。"习近平总书记的这些重要论述和指示为我们加快推动农村公共服务建设提供了根本遵循和政策引领。

近年来，各地各部门贯彻落实党中央、国务院决策部署，围绕

农民群众日益增长的美好生活需要和实施乡村振兴战略要求，推动农村社会事业发展政策创设、制度创新，加大对农村社会事业发展财政支持力度，采取了一系列切实可行措施，加快补上农村基础设施和公共服务短板，扎实推进农村人居环境整治三年行动，逐步形成农村社会事业齐抓共管、共建共享和全面发展的格局，农村社会事业发展取得长足进展。

（一）完善农村社会事业发展政策体系

从国家层面到地方层面出台了一系列政策措施，为农村社会事业发展指明了方向，提出了更明确的要求，这为农村社会事业发展提供了较好的政策环境和制度保障。

党的十八大报告提出："坚持把国家基础设施建设和社会事业发展重点放在农村，深入推进新农村建设和扶贫开发，全面改善农村生产生活条件。"

十八届三中全会强调："实现发展成果更多更公平惠及全体人民，必须加快社会事业改革，解决好人民最关心最直接最现实的利益问题，努力为社会提供多样化服务，更好满足人民需求。"

十八届五中全会指出："推动城乡协调发展，健全城乡发展一体化体制机制，健全农村基础设施投入长效机制，推动城镇公共服务向农村延伸，提高社会主义新农村建设水平。"

2017 年 1 月，国务院印发了《"十三五"推进基本公共服务均等化规划》（国发〔2017〕9 号），提出促进基本公共服务城乡区域均等化，缩小城乡差距，加快义务教育、社会保障、公共卫生、劳动就业等制度城乡一体设计、一体实施。

党的十九大报告首次提出实施乡村振兴战略，指出"要坚持农业农村优先发展，按照产业兴旺、生态宜居、乡风文明、治理有效、生活富裕的总要求，建立健全城乡融合发展体制机制和政策体系，加快推进农业农村现代化。"在民生保障方面明确提出，坚持人人尽责、人人享有，坚守底线、突出重点、完善制度、引导预期，完善公共服务体系，保障群众基本生活，不断满足人民日益增长的美好生活需要，不断促进社会公平正义，形成有效的社会治理、良好的社会秩序，使人民获得感、幸福感、安全感更加充实、更有保障、更可持续，到 2035 年基本公共服务均等化基本实现，全体人民共同富裕迈出坚实步伐。

2018 年 1 月出台的中央 1 号文件《关于实施乡村振兴战略的意见》专章部署"提高农村民生保障水平，塑造美丽乡村新风貌"，重点提出"优先发展农村教育事业""促进农村劳动力转移就业和农民增收""推动农村基础设施提挡升级""加强农村社会保障体系建设""推进健康乡村建设""持续改善农村人居环境"等六方面内容；明确指出"把实现乡村振兴作为全党的共同意志、共同行动，做到认识统一、步调一致，在干部配备上优先考虑，在要素配置上优先满足，在资金投入上优先保障，在公共服务上优先安排，加快补齐农业农村短板。"

2018 年 9 月，中共中央、国务院印发了《乡村振兴战略规划（2018—2022 年）》，专章部署保障和改善农村民生，涉及"加强农村基础设施建设""提升农村劳动力就业质量""增加农村公共服务供给"等内容，其中"增加农村公共服务供给"涉及教育、健康、社会保障、养老等方面，"建设生态宜居的美丽乡村"和"繁荣发展乡村文化"作为两个独立篇章分别进行部署。

2018 年 12 月，中共中央办公厅、国务院办公厅印发《关于建立健全基本公共服务标准体系的指导意见》，提出要"促进基本公共服务资源向基层延伸、向农村覆盖、向边远地区和生活困难群众倾斜，织密扎牢民生保障网"。《指导意见》基于基本公共服务城乡制度并轨、标准统一，提出建立健全基本公共服务标准体系，以标准化促进基本公共服务均等化、普惠化、便捷化，并明确中央与地方提供基本公共服务的质量水平和支出责任。

（二）健全农村社会事业投入保障机制

农村社会事业面广量大，很多项目都是公益性的，而且因为农村人口居住分散，服务半径大、服务成本高，所以社会效益明显高于经济效益，少数有回报的项目也是投入大、周期长、回本慢，必须发挥公共财政资金的主渠道作用。近年来，我国坚持把农业农村作为财政优先保障领域和金融优先服务领域，持续加大对农村社会事业发展的财政支持力度，加快涉农资金统筹整合，发挥好财政资金的杠杆作用，撬动更多社会资金配置到农村公共事业发展领域，这为农村社会事业发展提供了必要的物质基础和财政保障。

1. 健全中央财政投入保障机制

着力构建"三农"投入稳定增长长效机制，确保总量持续增加、比例稳步提高，让公共财政更大力度向农村倾斜。2013—2018 年，仅农林水支出科目，全国一般公共预算累计安排就超过 10 万亿元，其中，2018 年农林水支出 20 786.03 亿元，比上年增长 8.89％。党的十八大以来，中央财政通过大规模投入，逐步将农村教育、文化体育、医疗卫生、社会保障、人居环境等纳入公共财政统筹范围。

2. 建立村级组织运转经费保障机制

近年来，中央财政一直高度重视包括农村公共服务运行维护支出在内的村级组织运转经费保障问题，不断创新体制机制，引导地方加大对村级组织的投入。2016 年，中央组织部、财政部联合印发《关于加强村级组织运转经费保障工作的通知》，明确了经费保障的范围，包括村干部基本报酬、村级组织办公经费、农村公共服务运行维护支出，并对保障标准、经费来源、管理监督、考核督促等内容作出安排部署，确保村级组织有人办事、有钱办事。中央财政把村级组织运转经费纳入县级基本财力保障范围，进一步加大对地方的均衡性转移支付、老少边穷转移支付等一般性转移支付力度，支持地方提高基层政府财力保障水平，加强村级组织运转经费保障。

3. 深化县乡财政管理体制改革

近年来，中央有关部门加快推动财政体制改革，推进中央和地方事权和支出责任划分改革，优化转移支付结构，加大一般性转移支付力度，健全县级基本财力保障机制，积极支持和指导地方做好相关工作。根据《国务院办公厅转发财政部关于调整和完善县级基本财力保障机制意见的通知》规定，按照财政分级管理的原则，逐步完善省以下财政体制，加大财力调节力度，推进省直接管理县财政改革，建立长效保障机制。为破解村级公益事业建设难题，不断完善村级公益事业建设一事一议财政奖补政策，探索建立"农民筹资筹劳、政府财政补助、社会捐赠赞助"农村公益事业发展新机制，中央财政奖补资金事项切块下达，由地方结合实际按程序组织开展农村公益事业项目建设，有力推动了各地农村公益事业发展。

（三）优先发展农村教育

优先发展农村教育事业，是推进教育公平、保障学有所教、办好人民满意教育的关键环节，也是乡村振兴的重要基础。各地各部门深入贯彻习近平总书记关于教育的重要论述和全国教育大会精神，高度重视农村教育事业发展，突出抓重点、补短板、强弱项，着力解决教育发展不平衡不充分问题，促进基本公共教育资源向农村流动，切实提高教育资源配置效率和使用效益，促进农村教育公平而有质量地发展。

2018年2月，中共中央、国务院印发了《中国教育现代化2035》《加快推进教育现代化实施方案（2018—2022年）》。2018年4月，国务院办公厅印发《关于全面加强乡村小规模学校和乡镇寄宿制学校建设的指导意见》，在统筹学校布局、改善办学条件、强化师资建设、强化经费保障，利用"互联网＋教育"等方面对乡村学校发展提出指导意见，着力解决人民群众关心的控辍保学、"大

班额"、随迁子女就学、家庭无法正常履行教育和监护责任的农村留守儿童入校寄宿等突出问题，不断提高乡村教育水平。

1. 持续加大农村教育投入力度

建立健全农村教育经费投入保障机制。农村教育财政投入逐年增加，近十年平均增长率保持在 12％以上。农村生均公共预算教育事业费和公共经费逐步上升，教育部、国家统计局、财政部发布《2018 年全国教育经费执行情况统计公告》显示，生均一般公共预算教育经费，全国普通小学为 11 328.05 元，比上年的 10 911.17 元增长 3.82％，其中，农村为 10 548.62 元，比上年的 10 194.82 元增长 3.47％。全国普通初中为 16 494.37 元，比上年的 15 739.92元增长 4.79％，其中，农村为 14 634.76 元，比上年的 14 065.68 元增长 4.05％。生均一般公共预算教育事业费支出，全国普通小学为 10 566.29 元，比上年的 10 199.12 元增长 3.60％，其中，农村为 10 102.94 元，比上年的 9 768.57 元增长 3.42％。全国普通初中为 15 199.11 元，比上年的 14 641.15 元增长 3.81％，其中，农村为 13 912.37 元，比上年的 13 447.08 元增长 3.46％。

优化教育资源配置。坚持"保基本、补短板、促公平、提质量"，经费使用进一步向困难地区和薄弱环节倾斜。2015 年 11 月，《国务院关于进一步完善城乡义务教育经费保障机制的通知》要求，建立了城乡统一、重在农村的义务教育经费保障机制，明确了生均公用经费标准，确定中西部地区普通小学生均公用经费每生每年 600 元、普通初中每生每年 800 元，东部地区普通小学每生每年 650 元、普通初中每生每年 850 元，并明确了中央与地方财政分担比例。2018 年 8 月，国务院办公厅发布《关于进一步调整优化结构提高教育经费使用效益的意见》，明确提出，巩固完善城乡统一、重在农村的义务教育经费保障机制，逐步实行全国统一的义务教育公用经费基准定额。全面加强乡村小规模学校和乡镇寄宿制学校建设，落实对农村不足 100 人的小规模学校按 100 人拨付公用经费和对寄宿制学校按寄宿生年生均 200 元标准增加公用经费补助政策，单独核定并落实义务教育阶段特殊教育学校和随班就读残疾学生公用经费，确保经费落实到学校（教学点），确保学校正常运转。2018 年中央财政教育转移支付高达 3 076 亿元，80％用于中西部农村和贫困地区，1/4 左右用于集中连片特困地区、民族地区。

实现"两免一补"政策全覆盖。2017 年已全面实现对城乡义务教育学生免除学杂费（民办学校学生免除学杂费标准按照中央确定的生均公用经费基准定额执行）、免费提供教科书，并对全国 1 604 万名城乡家庭经济困难寄宿生发放生活补助，补助金额 179.1 亿元，其中 90％用于中西部地区。

继续实施农村义务教育学生营养改善计划。2011 年国家启动实施农村义务教育学生营养改善计划，普遍改善了农村地区学生（儿童）的营养结构，农村学生（儿童）身体素质得到明显提升。据中国疾病预防控制中心 2017 年跟踪监测，营养改善计划试点地区男、女生各年龄段的平均身高比 2012 年增长 1.9 厘米和 2.0 厘米，平均体重增加 1.3 千克和 1.4 千克。2018 年，中央财政下达农村义务教育学生营养改善计划资金 200.92 亿元，覆盖全国 29 个省（区、市）1 642 个县、13.8 万所学校、3 700 万农村学生。

2. 不断优化乡村教师从业环境

乡村教师队伍建设历来是教师工作的难点和重点。当前，我国有乡村教师 290 多万人，其中中小学近 250 万人，幼儿园 42 万多人，40 岁以下的青年教师近 170 万人，占 58.3％。通过重培养、扩补充、提待遇、推交流、促发展，增强乡村教师获得感幸福感，提高乡村教师素质，乡村教师队伍建设焕发出新活力。

推动教师队伍深化改革振兴发展，出台了系列加强教师队伍建设的政策文件。2015 年 6 月，国务院办公厅印发《乡村教师支持计划（2015—2020 年）》。2018 年 1 月，中共中央、国务院出台《关于全面深化新时代教师队伍建设改革的意见》，提升乡村教师待遇作为重要内容在文件中得到体现；2018 年 2 月，教育部等部门印发《教师教育振兴行动计划（2018—2022 年）》，将乡村教师队伍作为今后 5 年教师教育振兴发展五项任务之一进行部署，着力培养一批下得去、留得住、教得好的乡村教师。

实现编制统一，保证乡村学校开齐国家规定课程。2014 年 11 月发布的《中央编办、教育部、财政部关于统一城乡中小学教职工编制标准的通知》将农村中小学编制标准统一提高到城市标准，按小学 1：19、初中 1：13.5 的师生比核定编制，并明确对乡村小规模学校按照师生比与班师比相结合的方式核定编制，对寄宿制学校适当增加编制。要求地方创新事业编制管理，跨地区、跨层级、跨行业统筹调剂编制，向义务教育学校倾斜。截至 2018 年 8 月，按照实际配备的教师测算，25 个省份小学、24 个省份初中已达到统一标准。

加大补充培养力度，为农村地区输送大批高校毕业生。自 2006 年实施农村义务教育阶段教师特岗计划以来，截至 2018 年底，共招聘了 75.4 万名老师，覆盖中西部 1 000 多个县、3 万多所农村学校，其中，2018 年特岗计划招聘 8.5 万多人，优先满足村小、教学点补充需求。从 2007 年起，在教育部直属师范大学实施师范生免费教育（2018 年改为公费教育）政策，累计招生 10.7 万人。在教育部直属师范大学师范生公费教育政策的示范引领下，全国有 28 个省（区、市）通过在学免费、到岗退费等多种方式，实行地方师范生公费教育，每年有 4 万余名高校毕业生到农村特别是贫困地区中小学任教，截至 2018 年底，累计吸引 33.5 万名高校毕业生到乡村任教。改革实施国培计划，2018 年投入资金 20 亿元，培训乡村教师、校长 120 万人次。在乡村教师补充上，为乡村学校补充了一批"下得去、留得住、教得好"的教师。

实施支教讲学政策，引进大批优秀教师到农村地区从教服务。实施边远贫困地区、边疆民族地区和革命老区人才支持计划教师专项，2018 年扩大将"三区三州"等深度贫困地区纳入实施范围，选派 2.4 万多名优秀教师到受援县支教。2018 年 7 月由教育部和财政部共同启动实施"银龄讲学"计划，2018 年招募 1 800 名退休优秀教师到中西部农村支教，到 2020 年计划招募 1 万名。

推进交流轮岗制度，促进城乡教师资源均衡配置。实行义务教育教师"县管校聘"改革，实施县（区）域内义务教育学校校长教师交流轮岗，重点引导优秀校长和骨干教师向农村地区、薄弱学校流动。

促进专业发展，提高乡村教师队伍整体素质。2018 年 7 月，人力资源社会保障部、教育部印发《关于做好 2018 年度中小学教师职称评审工作的通知》，要求中小学教师职称评审继续向农村和艰苦边远地区倾斜，同等条件下中高级教师职称评审向"三区三州"等深度贫困地区倾斜、向农村教师倾斜，有条件的地区可组织对农村和艰苦边远地区中小学教师职称进行单独评审。

落实生活补助政策，不断提高乡村教师的生活待遇。明确乡村教师享受乡镇工作补贴，全面落实集中连片特困地区乡村教师生活补助政策和艰苦边远地区津贴政策，依据学校艰苦边远程度实行差别化补助，鼓励有条件地区提高补助标准，逐步形成"越往基层、越是艰苦、待遇越高"的氛围。2013—2018 年，中央财政落实支持乡村教师生活补助资金 157 亿元，其中 2018 年 45 亿元，这项政策惠及了中西部 725 个县的 8 万多所乡村学校的 127 万名教师，补助最高的每月达到 2 000 元。北京、上海、浙江、广东、天津、辽宁、福建、海南等东部 8 个省市自主实施，总投入 62 亿多元，惠及乡村教师 68.8 万人。

加大荣誉表彰力度，增强乡村教师的职业责任感和使命感。2018 年，中国教师发展基金会启动实施乡村优秀青年教师培养奖励计划，每年遴选 300 名乡村教师，每人奖励 1 万元，连续实施 5 年。为在乡村从教 30 年以上的教师颁发荣誉证书，截至 2018 年，累计为 410 万左右乡村教师颁发荣誉证书。

乡村教师支持计划

2015 年 6 月，国务院办公厅印发《乡村教师支持计划（2015—2020 年）》，提出到 2020 年，努力造就一支素质优良、甘于奉献、扎根乡村的教师队伍，为基本实现教育现代化提供坚强有力的师资保障。

实施乡村教师支持计划的主要举措包括：一是全面提高乡村教师思想政治素质和师德水平，坚持不懈地用中国特色社会主义理论体系武装乡村教师头脑，进一步建立健全乡村教师政治理论学习制度；切实加强乡村教师队伍党建工作；开展多种形式的师德教育。二是拓展乡村教师补充渠道，鼓励建立统筹规划、统一选拔的乡村教师补充机制；扩大农村教师特岗计划实施规模，适时提高特岗教师工资性补助标准；鼓励采取多种方式定向培养"一专多能"的乡村教师。三是提高乡村教师生活待遇，全面落实集中连片特困地区乡村教师生活补助政策，依法依规落实乡村教师工资待遇和住房社保等政策。四是统一城乡教职工编制标准，乡村中小学教职工编制按照城市标准统一核定；进一步向人口稀少的教学点、村小学倾斜，重点解决教师全覆盖问题；严禁占用或变相占用乡村中小学教职工编制。五是职称（职务）评聘向乡村学校倾斜，研究完善乡村教师职称（职务）评聘条件和程序办法，实现县域内城乡学校教师岗位结构比例总体平衡；乡村教师评聘职称（职务）时不作外语成绩（外语教师除外）、发表论文的刚性要求；城市中小学教师晋升高级教师职称（职务），应有在乡村学校或薄弱学校任教一年以上的经历。六是推动城镇优秀教师向乡村学校流动，全面推进义务教育教师队伍"县管校聘"管理体制改革；

采取多种途径和方式，重点引导优秀校长和骨干教师向乡村学校流动。七是全面提升乡村教师能力素质，把乡村教师培训纳入基本公共服务体系；整合高等学校、县级教师发展中心和中小学校优质资源，建立乡村教师校长专业发展支持服务体系；将师德教育作为乡村教师培训的首要内容；全面提升乡村教师信息技术应用能力；加强乡村学校音体美等师资紧缺学科教师和民族地区双语教师培训。八是建立乡村教师荣誉制度，对在乡村学校从教 30 年以上的教师按照有关规定颁发荣誉证书，对在乡村学校从教 20 年以上、10 年以上的教师给予鼓励，对在乡村学校长期从教的教师予以表彰；在评选表彰教育系统先进集体和先进个人等方面要向乡村教师倾斜；在全社会大力营造关心支持乡村教师和乡村教育的浓厚氛围。

3. 全面改善农村薄弱学校办学条件

党的十八大以来，国家着力全面改善农村义务教育薄弱学校基本办学条件。2013 年，经国务院同意，教育部、国家发展改革委、财政部启动实施全面改善贫困地区义务教育薄弱学校基本办学条件工作，按照规划，全国 2 656 个县（市、区）纳入实施范围，计划投入 5 226 亿元，是新中国成立以来义务教育史上单项投资最大的工程。2018 年，中央财政下达农村义务教育薄弱学校改造计划资金 363 亿元，五年累计投入专项补助资金 1 699 亿元，带动地方投入 3 727 亿元，合计 5 426 亿元，比规划投入多 200 亿元。校舍建设竣工面积占规划建设总面积的比例达 98.34%，设施设备采购完成比例达 99.7%，分别比规划确定的 2018 年底"双过九成"的目标高出 8.34 和 9.7 个百分点，提前一年基本实现五年规划目标。全国 30.96 万所义务教育学校（含教学点）办学条件

达到有关要求，占义务教育学校总数的 99.76％，农村义务教育学校特别是贫困地区农村学校办学条件显著改善，面貌焕然一新。

一是大力改善教学条件。全国新建、改扩建校舍 2.2 亿平方米、体育场地 2.1 亿平方米，购置学生课桌椅 3 420 万套、图书 6.24 亿册、教学仪器设备 2.99 亿台件套，农村学校办学条件发生巨大变化，教室窗明几净，功能室、实验室、音乐室、美术室一应俱全。不少农村学校硬件设施不比一些城市学校差。

二是完善配套生活设施。全国新建、改扩建学生宿舍 2 936 万平方米、学生食堂 1 316 万平方米，购置学生用床、食堂、饮水、洗浴等生活设施设备 1 809 万台件套。农村寄宿学校学生"睡通铺、站着吃饭、洗不上澡"现象基本消除。

三是着力保障教学点条件。全国共投入 243 亿元，建设教学点校园校舍 1 260 万平方米，购置价值 42.5 亿元的仪器设备和生活设施，惠及 259 万农村学生。偏远地区教学点变得"小而美、小而全"，一改往昔凋敝景象。

四是统筹解决超大班额问题。工程实施中，各地通过合理布局农村学校，推进县镇学校和乡镇寄宿制学校建设，改善边远农村学校办学条件等方式多管齐下，统筹解决县镇超大班额问题。截至 2018 年底，全国义务教育学校有超大班额 1.87 万个，占总班数的比例为 0.5％，比 2013 年减少 18.6 万个，减少幅度达 90.8％，如期实现 2018 年底基本消除超大班额（控制在 2％以内）工作目标。

五是大幅提升信息化水平。全国共购置数字教育资源 1 428 万 GB，计算机 510 多万台，90％以上的中小学实现网络接入，农村学校数字教育资源覆盖面不断扩大，农村孩子也和城里孩子一样，通过网络了解外面精彩的世界，享受着互联网教育带来的红利。

4. 扎实推进现代农业人才培养

中等职业教育成为发展经济、促进就业、改善民生的重要途径。各级政府加大对职业教育学生的资助，免除农村中职学生及城市涉农专业学生全部学费；一、二年级所有涉农专业学生和非涉农家庭经济困难学生享受国家助学金资助，并从 2015 年春季学期起将助学金标准从 1 500 元提高到 2 000 元。

职业教育师资水平逐步提高。为进一步提高职业院校"双师型"骨干教师队伍素质，2016 年 10 月，财政部和教育部在总结前两期职业院校教师素质提高计划经验的基础上，印发《关于实施职业院校教师素质提高计划（2017—2020 年）的意见》，开始实施新一期职业院校教师素质提高计划。

示范县工作扎实推进。继续推进国家级农村职业教育和成人教育示范县创建工作，遴选了 5 批 261 个县（市、区）入围创建名单，教育部、科技部、水利部、国家林业局、国家粮食局联合确定创建示范县共 3 批 159 个县（市、区）。

加强高校涉农专业建设。2018 年 9 月，教育部、农业农村部、国家林业和草原局联合印发《关于加强农科教结合实施卓越农林人才教育培养计划 2.0 的意见》，对加快培养懂农业、爱农村、爱农民的一流农林人才作出部署。

整合涉农类职业教育资源。支持建设 21 个农业职教集团，推动涉农职业教育多元主体协同发展。依托 39 所高校新农村发展研究院，探索农、科、教相结合的综合服务模式，引导组织高校积极开展乡村振兴人才培养、农业技术人员培训和高素质农民培训。

支持农业类职业院校开展涉农类专业教学资源库建设。截至2018 年底，共建设线上优质资源 57 261 条，惠及 61 309 名师生用户，累计访问 604 万人次，为高素质农民和各类农业人才提供了免费、优质、丰富、实用的学习资源。

（四）推进健康乡村建设

没有全民健康，就没有全面小康。发展农村医疗卫生事业既是党和政府为了保障农村人口的健康权利而提供的公共服务，也是改善农民群众生活质量和健康水平的重要措施。党的十九大提出实施健康中国战略，是新时代健康卫生工作的纲领。在 2016 年的全国卫生与健康大会上，习近平总书记强调"要把人民健康放在优先发展的战略地位"，是新时代农村医疗卫生事业发展的重要指引。同年 10 月，中共中央、国务院发布《"健康中国 2030"规划纲要》，确立了包括"公平公正"在内的四项原则，强调健康中国建设必须以推动健康领域基本公共服务均等化为主要目标，重点加强农村和基层医疗卫生事业建设，缩小城乡、地区、人群间服务的差异，最终实现全民健康。2018 年中央 1 号文件提出推进健康乡村建设的具体措施，包括加强医疗卫生服务体系建设、完善补助政策，改善乡镇卫生院和村卫生室条件，提供基本公共卫生服务等。

1. 持续提高医疗卫生服务补助

逐步提高基本公共卫生服务经费补助标准。2018 年，中央财政将基本公共卫生服务经费人均补助标准从 50 元提高至 55 元。从 2012 年起，中央财政建立了对地方实施基本药物制度的经常性补助机制，每年补助资金 91 亿元。2018 年中央财政下达卫生健康人才培养培训补助资金 71.14 亿元，主要用于支持开展住院医师规范化培训、助理全科医生培训、全科医生特设岗位计划等人才培养培训项目。

我国基层卫生投入水平与经费额度呈逐年上升趋势。2012 年乡镇卫生院每所平均财政补助为 174 万元，2018 年乡镇卫生院的平均财政补助增长 2 倍多，达到 367.5 万元。与此同时，2012 年每所乡镇卫生院人员经费投入为 148.4 万元，2018 年该金额达到

351.9 万元，增长 1.37 倍（图 1－1）。

图 1－1　2012—2018 年乡镇卫生院财政补助与人员经费

数据来源：2013—2019 年《中国卫生健康统计年鉴》。

2. 优化农村医疗卫生资源配置

完善农村卫生服务网络，建立健全以县（市、区）医院为龙头、乡镇卫生院为中心枢纽、村卫生室兜底的基层三级医疗卫生服务网络，使农民家门口就能"看上病"。按照"县级强、乡级稳、村级活、上下联、信息通"总体思路，进一步优化农村卫生资源配置，推进城乡基本公共医疗卫生服务均等化。

深化医药卫生体制改革，建立分级诊疗和巡回医疗服务，健全乡村中医药服务、家庭医生签约服务和重点人群健康服务。

启动优质服务基层行、县域医共体（医联体）和社区医院建设试点，推动优质服务和资源向基层、向农村下沉，94.7%和 93.8% 的县（市、区）开展分级诊疗试点，正在形成"大病不出县、常见病多发病不出村"的就医新秩序。以山西省为例，全省县域人口比例达到总人口的 70% 以上，医疗资源相对匮乏，2017 年启动县域综合医改，组建县域医疗集团，各县将辖域范围内的所有医疗机构进行整合，新组建的医疗集团具有独立法人地位，实行"行政、人员、资金、业务、绩效、药械"六个方面的统一管理，改变了过去各自为政、相互争利的状况，各医疗机构之间成为"一家人"，有序竞争发展，实现了优质医疗资源下沉，打通了服务群众健康体系的"最后一公里"。

3. 不断提高农村医疗卫生信息化程度

2018 年 4 月，国务院办公厅印发《关于促进"互联网＋医疗健康"发展的意见》，提出运用互联网技术构建完善的医疗服务体系，实现智慧医疗。农村医疗卫生信息化建设有助于提高基层医疗卫生服务机构运用新型科技手段和平台提升诊疗效率和准确性，有助于推动城乡之间、区域之间通过新型信息技术设备实现资源、技术、人员共享，提升医疗卫生服务公平性。在农村地区，医疗卫生信息化建设已逐步推开。部分乡镇卫生院已经能够借助人工智能等技术，与三级综合医院合作共同完成远程会诊、远程心电诊断、远程影像诊断等服务。农村基层卫生机构已逐步开始推进建立规范化电子档案，推动农村居民电子健康档案在线查询和规范使用。乡镇卫生院逐步建立医疗卫生服务电子诊疗与信息系统，推动建立一体化和连续性医疗卫生服务体系。

4. 加强对基层医务人员的培养与激励

我国从 2010 年起开展农村订单定向医学生免费培养工作，重点为中西部乡镇卫生院及以下的医疗卫生机构培养从事全科医疗的卫生人才。2018 年以前，定向免费本科医学生招生计划数稳定在 5 000 人左右。2018 年 1 月，国务院办公厅印发《关于改革完善全科医生培养与使用激励机制的意见》，提出继续实施农村订单定向医学生免费培养，推进农村地区本地全科人才培养，并对加强农村地区、贫困地区全科医生队伍建设提出了意见和要求。2018 年

5月，教育部办公厅印发《关于做好 2018 年中央财政支持中西部农村订单定向免费本科医学生招生培养工作的通知》，提出 2018 年招生计划数增至 6 483 人，招生专业包括临床医学、中医学、蒙医学、藏医学和傣医学。

2017 年 2 月，国家卫生计生委印发《国家基本公共卫生服务规范（第三版）》，明确提出加强对基层医疗卫生机构和县（市、区）级相关医疗卫生机构从事基本公共卫生服务医务人员的培训和考核，实现培训和考核全覆盖。

2018 年 4 月，人社部、财政部、国家卫生计生委联合印发《关于完善基层医疗卫生机构绩效工资政策保障家庭医生签约服务工作的通知》，落实基层医疗卫生机构"公益一类财政保障，公益二类绩效管理"，充分调动基层医疗卫生机构医护人员的积极性和主动性，吸引优秀医疗人才扎根基层。

（五）健全农村社会保障体系

社会保障是社会的稳定器，我国农村社会保障经历了从无到有、逐步与城市实现并轨、标准逐步提高的发展历程，逐步织密农村社会保障网。党的十九大报告明确提出要"全面建成覆盖全民、城乡统筹、权责清晰、保障适度、可持续的多层次社会保障体系"。

1. 加快社会保障制度城乡统筹并轨

2009 年 9 月我国启动了新型农村社会养老保险制度试点，于 2011 年 6 月开启了城镇居民社会养老保险制度试点，2014 年 2 月，国务院印发《关于建立统一的城乡居民基本养老保险制度的意见》，"新农保"与"城居保"制度并轨，开始建立统一的城乡居民养老保险制度，成为世界上参保人数最多、受益最广的单项基本养老保险制度。

统一城乡居民基本医疗保险制度

新型农村合作医疗制度从 2003 年起在全国部分县（市）试点，到 2010 年逐步实现基本覆盖全国农村居民。为解决城乡医保分割产生的待遇不均衡、政策不协调、管理效率低、基金共济能力弱等问题，2016 年 1 月，国务院出台《关于整合城乡居民基本医疗保险制度的意见》，提出整合城镇居民基本医疗保险和新型农村合作医疗两项制度，建立统一的城乡居民基本医疗保险制度，实现城乡居民在覆盖范围、筹资政策、保障范围、医保目录、定点管理、基金管理上的"六统一"。截至 2018 年底，我国已有 24 个省份完成城乡居民医保制度整合工作，还有 7 个省份城镇居民医保和新农合仍未完全整合统一。

2. 构建多层次社会保障体系

充分发挥社会保障的兜底作用，保障城乡居民基本养老服务，保障农村留守妇女、儿童和老年人关爱服务等基本公共服务，完善以农村低保救助、农村五保供养、农村医疗救助、农村临时救助为主要内容的农村社会救助体系，加强农村残疾人事业和残疾康复服务，为农村不同群体提供多元化社会保障服务。制定相关政策制度，2015 年 2 月，国务院印发《关于加快推进残疾人小康进程的意见》；2016 年 2 月，国务院印发《关于进一步健全特困人员救助供养制度的意见》；2016 年 8 月，国务院印发《"十三五"加快残疾人小康进程规划纲要》；2016 年 9 月，国务院办公厅转发民政部、国务院扶贫办、中央农办、财政部、国家统计局、中国残联《关于做好农村最低生活保障制度与扶贫开发政策有效衔接的指导意见》。

3. 完善农村老年人关爱服务体系

农村养老问题日益突出，国家高度重视留守老年人关爱服务工作，进一步完善农村老年人关爱服务体系。

一是健全农村养老服务设施。民政部配合发展改革委部署实施《"十三五"社会服务兜底工程》，支持各地加快农村特困人员供养服务机构设施建设改造，加大农村养老服务投入。目前，初步形成了以家庭赡养为基础、养老机构和农村幸福院为依托、农村老年协会参与、乡镇敬老院托底的农村养老服务供给格局。

二是建立和完善农村老年人生活保障体系。推动建立老年人福利补贴制度，不断提升农村老年人生活质量。贯彻落实《社会救助暂行办法》，不断提高供养水平，扩大保障范围，给予他们生活照顾和物质帮助。2018 年，将符合条件的 1 493.4 万困难老年人及时纳入最低生活保障范围，399.8 万特困老年人纳入政府供养范围。初步形成了老年人社会救助、老年人福利补贴和农村特困人员供养等相衔接、可持续的农村老年人生活保障体系。

三是加强政策保障支持力度。2017 年 3 月，国务院印发《"十三五"国家老龄事业发展和养老体系建设规划》；2017 年 12 月，民政部、公安部、司法部、财政部、人力资源社会保障部、文化部、卫生计生委、国务院扶贫办、全国老龄办等 9 个部门联合印发《关于加强农村留守老年人关爱服务工作的意见》，提出要推动各地建立健全家庭尽责、基层主导、社会协同、全民行动、政府支持保障的农村留守老年人关爱服务机制。目前，全国各个省份均制定了加强农村留守老年人关爱服务体系的专项政策文件或实施细则。

4. 增强农村社保经办服务能力

农村各级社会保险经办管理服务机构服务内容不断丰富，规范化、标准化、信息化水平显著提升。城乡居民基本养老保险、医疗保险、低保等事项参保登记、个人缴费、待遇领取、权益查询"四

个不出村"服务在各地推广，"五险合一""一单征收""一站式服务""柜员制"等经办服务模式广泛应用，农村居民办理各项社会保险业务更加便利。社保卡在农村得到广泛使用，305 个地市实现通过社保卡领取养老金。

5. 增加公共服务机构和设施供给

全国各类养老服务机构、社会福利医院和儿童收养救助服务机构数和床位数逐年增加，尤其是为农村社区群众提供救助、居家养老、残疾人照顾和幼儿日托等服务的农村社区服务机构和设施数量明显增加。

（六）促进农村文体事业发展

乡风文明是乡村振兴战略总要求之一，农民群众既要"富口袋"，也要"富脑袋""健体魄"，提振"精气神"。国家进一步加大公共文化体育资源向农村地区倾斜力度，丰富基层公共文化体育产品和服务供给。党的十八大以来，国家进一步加强农村思想道德建设，加强农村公共文化设施建设，健全农村公共文化服务体系，出台并落实一系列文化惠民政策，保障农民群众基本文化权益、不断满足农民群众日益增长的精神文化需求。各级农业、体育部门认真学习贯彻习近平总书记关于广泛开展全民健身活动的重要指示精神，围绕实施乡村振兴战略和加快推进体育强国建设，把握农民体育健身需求和农民生产生活特点，创新思路和方式方法，开创农民体育事业新局面。

1. 加强农村思想道德建设

开展新时代文明实践中心建设，大力培育和践行社会主义核心价值观，推动习近平新时代中国特色社会主义思想深入人心。2018年 8 月，中共中央办公厅印发《关于建设新时代文明实践中心试点工作的指导意见》，在全国选择 12 个省的 50 个县（市、区）进行试点，建设一支群众身边的志愿者队伍，整合现有村级综合服务中心、学校、乡镇文化站、文化馆、文化活动广场等阵地资源，改进农村基层宣传思想文化工作和精神文明建设，因地制宜开展经常性、面对面、农民群众喜闻乐见的文明实践活动，打通"宣传群众、教育群众、关心群众、服务群众"的"最后一公里"，切实提高农民群众的思想觉悟、道德水准、文明素养、法治观念。

深入实施公民道德建设工程，深入开展爱国主义教育，大力弘扬中华传统美德，大力倡导社会主义道德。广泛开展学习时代楷模、道德模范、最美人物、身边好人等活动，开展好邻居、好媳妇、好公婆评选和寻找最美家庭、创建文明村镇、创建文明家庭活动，引导农民群众向上向善、孝老爱亲、重义守信、勤俭持家。开展宪法学习宣传教育和"七五"普法活动，推动社会主义法治精神走进农民群众、融入日常生活。2018 年，中央文明委印发《全国文明城镇测评体系》，评选出 1 493 个全国文明村镇。

2. 持续增加文体事业投入

对文化领域投入增速明显。2018 年，全国文化事业费 928.33 亿元，比上年增加 72.53 亿元，增长 8.5%；全国人均文化事业费 66.53 元，比上年增加 4.96 元，增长 8.1%。县及县以下文化单位文化事业费 503.37 亿元，占 54.2%，比重比上年提高了 0.7 个百分点。中宣部、财政部、文旅部等联合印发了《关于戏曲进乡村的实施方案》，2018 年中央财政补助 3.89 亿元，为中西部 1.3 万个乡镇每年配送 6 场以地方戏为主的演出。

对体育领域的投入逐年增加。2018 年底，国家体育总局本级使用彩票公益金 29.87 亿元，70% 用于开展群众体育工作，其中用于资助或组织开展全民健身和青少年体育活动的经费分别为 6.6 亿元和 3.85 亿元，建设全民健身场地设施 5.9 亿元，且资金安排向农村等贫困落后地区倾斜。

3. 健全公共文化服务体系

制定法律政策保障人民群众基本文化权益。2015 年 1 月，中共中央办公厅、国务院办公厅印发《关于加快构建现代公共文化服务体系的意见》和《国家基本公共文化服务指导标准（2015—2020年)》，为巩固基层文化阵地，推动实现基本公共文化服务均等化，切实保障人民群众基本文化权益提供了遵循。2016 年 12 月，《中华人民共和国公共文化服务保障法》发布，自 2017 年 3 月 1 日起施行，标志着我国公共文化服务法律保障实现历史性突破，人民群众基本文化权益和基本文化需求实现从行政性"维护"到法律"保障"的跨越。在城乡均等方面，该法规定国家应当重点增加农村公共文化产品供给，促进城乡基本公共文化服务均等化。

推进示范区创建持续提升公共文化服务效能。完成第三批国家公共文化服务体系示范区（项目）验收、第四批国家公共文化服务体系示范区（项目）创建，为构建基本完善的公共文化服务体系提供实践示范和制度建设经验。

深入开展乡镇综合文化站效能专项治理。通过健全服务项目、落实免费开放经费、配齐工作人员等措施，有效解决部分乡镇综合文化站"不开门、不见人、没经费、活动少"等突出问题。截至2018 年底，99.13％的乡镇文化站已实现正常服务，2 358 个县（市、区）制定了文化站服务清单，占县级行政区划的 82.7％。

着力打造一支素质高能力强的乡村文化工作队伍。截至 2018年 5 月，全国基层文化队伍培训超 50 万人次，已培训基层文化队伍和老少边穷地区县级文化馆和图书馆馆长 1 503 人和 1 399 人，派出 1 471 名"阳光工程"志愿者赴 600 个贫困村和 871 个乡村学校少年宫开展文化志愿服务。

4. 保护传承乡村优秀传统文化

2018 年，经党中央批准、国务院批复，将每年农历秋分设立为"中国农民丰收节"，成为传承弘扬传统农耕文明的重要节日。以重要农业文化遗产为抓手，切实推动优秀农耕文化传承发展，从中央到地方出台了一系列保护优秀农耕文化遗产的政策措施。2018年中央1号文件提出："要切实保护好优秀农耕文化遗产，推动优秀农耕文化遗产合理适度利用。"中共中央、国务院印发的《乡村振兴战略规划（2018—2022）》明确提出："实施农耕文化传承保护工程。按照在发掘中保护、在利用中传承的思路，制定国家重要文化遗产保护传承指导意见。开展重要农业文化遗产展览展示。充分挖掘和弘扬中华优秀传统农耕文化，加大农业文化遗产宣传推介力度。"首次在国家战略规划部署中国重要农业文化遗产保护传承工作。

专栏三

中国农民丰收节

经党中央批准、国务院批复，自2018年起，将每年农历秋分设立为"中国农民丰收节"。"中国农民丰收节"是亿万农民庆祝丰收、享受丰收的节日，也是五谷丰登、国泰民安的生动体现。设立"中国农民丰收节"，具有重大的现实意义和深远的历史意义。

一是有利于进一步彰显"三农"工作的重要地位。习近平总书记强调，农业农村农民问题是关系国计民生的根本性问题，设立中国农民丰收节能够进一步强化"三农"工作在党和国家工作中的重中之重的地位，引起各个方面对于农业、农村、农民的关注和重视，营造重农强农的浓厚氛围，凝聚爱农支农的强大力量，推动乡村振兴战略实施，促进农业农村加快发展。

二是有利于提升亿万农民的荣誉感、幸福感、获得感。设立"中国农民丰收节"，给农民一个专属的节日，通过举办一系列的具有地方特色、民族特色的农耕文化、民俗文化活动，可以丰富广大农民的物质文化生活、展示新时代新农民的精神风貌，这顺应了亿万农民的期待，满足了对美好生活的需求。

三是有利于传承弘扬中华农耕文明和优秀文化传统。在工业化、城镇化加快推进的过程中，人们对传统农耕文化的记忆正在淡化，设立中国农民丰收节，树立一个鲜明的文化符号并赋予新的时代内涵，可以让人们以节为媒、释放情感、传承文化、寻找归属，可以汇聚人民对那座山、那片水、那块田的情感寄托，从而享受农耕文化的精神熏陶。

各地也出台了相应政策措施。浙江省首次将中国重要农业文化遗产纳入国民经济和社会统计公报。福建、江苏等省深入开展农业文化遗产资源普查，发布普查结果，建立名录制度，不断加强遗产挖掘力度。江苏省兴化市开展重要农业文化遗产评估，全面评价垛田系统的经济、社会、文化、品牌价值，发布评估报告，为建立重要农业文化遗产保护和评价体系提供有益参考。地方立法相继启动，浙江省绍兴市颁布实施《绍兴会稽山古香榧群保护条例》，云南省普洱市颁布实施《古茶树资源保护条例》，中国重要农业文化遗产保护步入法治化轨道。

5. 促进农村体育事业发展

以习近平同志为核心的党中央，明确提出将全民健身上升为国家战略，推动全民健身和全民健康深度融合。党的十九大报告提出广泛开展全民健身活动，加快推进体育强国建设。

针对农村体育设施缺乏、农民参加体育健身活动困难的情况，国家体育总局从 2006 年开始在全国范围实施"农民体育健身工程"。"农民体育健身工程"以行政村为主要实施对象，以经济、实用的小型公共体育健身场地设施建设为重点，把场地建到农民身边，同时推动农村体育组织建设、体育活动站（点）建设，广泛开展农村体育活动，构建农村体育服务体系。

2016年2月，国务院发布《全民健身条例（修订）》，要求各级政府依法保障公民参与全民健身活动的权利。6月，国务院印发《全民健身计划（2016—2020年）》，提出加快建设水平较高、内容完备、惠及全民的基本公共体育服务体系，逐步推动基本公共体育服务在地域、城乡和人群间的均等化。10月，中共中央、国务院印发了《"健康中国2030"规划纲要》。

2017年12月，农业农村部、国家体育总局印发《关于进一步加强农民体育工作的指导意见》，明确新时代农民体育事业发展的指导思想、基本原则和目标任务。立足"农民群众身边"这一目标，办好亿万农民健身活动，强化基层骨干培育。在坚持农体融合、突出农民主体、着力塑造品牌等方面不断推进农民体育与农业农村工作紧密融合。

加强统筹指导。截至2018年，全国有28个省（区、市）、328个市、1723个县建立由政府牵头的全民健身领导协调机制。全国90%的省区市、78%的地市、61%的县级政府已建立全民健身工作领导协调机制，初步形成了各级政府齐抓共管的工作机制。

推进基本公共体育服务示范区建设，制定了结构合理、内容明确、符合实际的基本公共服务标准体系。基本公共体育服务信息化建设得到加强，数据采集和监测体系正在建立，基本形成了政府主导、部门协调、社会参与的农民体育事业发展新格局。

加强农民科学健身指导，进一步提升基层文体骨干的专业水平和业务能力。2018年，共举办2场全国农民广场舞（健身操舞）教练员、裁判员培训班，培训农村基层健身骨干，有效带动各地农民体育活动开展。

中央文明办、国家体育总局等共同主办"圆梦工程"——农村未成年人体育志愿服务活动，面向中西部省（区、市）国家级贫困县农村未成年人开展以足球、棋类、武术和中国式摔跤等体育项目为主的农村未成年人体育技能普及工作。以培训乡村体育师资并通过定点帮扶、志愿服务进校园的模式，辅以爱国主义及奥林匹克文化教育，促进农村未成年人运动技能普及，加强农村未成年人思想道德建设，提高农村未成年人体质健康。

农民体育健身工程

2017年12月，农业部、国家体育总局联合印发《关于进一步加强农民体育工作的指导意见》，提出到2020年，实现"农民体育健身工程"行政村全覆盖，农民人均体育健身场地面积达到1.8平方米；实现80%的行政村有1名以上的社会体育指导员；农民群众体育健身意识普遍增强，农村经常参加体育锻炼人数比例的增长速度高于全国平均水平；农民身体素质稳步增强，国民体质达标和优秀等级比例明显提高；基本健全以农民体育协会为主要形式的农民体育社会组织，政府主导、部门协同、社会参与的农民体育事业发展格局更加明晰，实现农民体育工作有组织、有人员、有场所、有经费、有活动，促进持续健康发展。

实施农民体育健身工程，要以强健体质、砥砺意志、提高农民健康水平为根本目的，以激发和满足农民多元化体育健身需求、促进人的全面发展为出发点和落脚点，着力补上农民体育健身公共服务体系短板，有效推动农民体育蓬勃发展。重点任务包括：

一是建设和利用农民群众身边的场地设施。结合农村社区综合服务设施建设和乡村文化站（中心）资源整合，继续加大"农民体育健身工程"实施力度，有条件的地方要积极探索农民体育健身工程向人口相对集中的自然村屯延伸，选择部分有代表性的村屯开展农村体育设施整村全覆盖试点工作，为农民体育健身工程升级版积累经验和探索途径。结合实施扶贫攻坚项目，优先扶持贫困农村体育健身场地设施建设。

二是丰富农民群众身边的健身活动。各级体育和农业部门向农民大力推广普及乡村趣味健身、广场舞（健身操舞）、健身跑、健步走、登山、徒步、骑行、游泳、钓鱼、棋类、球类、踢毽、跳绳、风筝、太极拳、龙舟、舞龙舞狮、斗羊赛马等农民群众喜闻乐见的体育项目，利用"全民健身日"、节假日等时间节点开展丰富多彩的农民体育健身活动，介绍健身方法、传授健身技能，培养其健身兴趣，使体育健身成为农民的好习惯、农村的新时尚。

三是积极组织开展农民群众身边的赛事活动。继续深入开展"亿万农民健身活动"，因时、因地、因需举办不同层次和类型的农民体育赛事活动，充分发挥体育赛事活动对农民参加体育活动的宣传引导、技能训练和素质提升作用。开展赛事活动要紧密结合农业农村经济发展和农民日常生活，倡导和鼓励农村基层发挥历史传统、农耕文化、产业特色、休闲农业和乡村旅游等资源优势，结合新农村建设和农时季节，按照"就地就近、业余自愿、小型多样"的原则，经常性举办农味农趣运动会、美丽乡村健步走、快乐农家广场舞等丰富多彩的基层赛事活动，形成"一地一品"，推进农民体育健身常态化、制度化和生活化。

（七）加强农村人居环境整治

改善农村人居环境，建设美丽宜居乡村，是以习近平同志为核心的党中央从战略和全局高度作出的重大决策，是实施乡村振兴战略的一项重要任务，也是保障和改善民生的重要举措。2018 年是农村人居环境整治三年行动的开局之年，各地区各部门认真贯彻习近平总书记关于改善农村人居环境的重要指示精神和党中央、国务院决策部署，坚持以浙江"千万工程"经验为引领，扎实有效推进农村厕所革命、生活垃圾治理、生活污水治理等各项重点任务，农村人居环境整治工作取得新的进展。

1. 加强顶层设计

2018 年 1 月，中共中央办公厅、国务院办公厅印发了《农村人居环境整治三年行动方案》，提出以建设美丽宜居村庄为导向，以农村垃圾、污水治理和厕所革命为主攻方向，动员各方力量，整合各种资源，强化各项举措，加快补齐农村人居环境突出短板，为如期实现全面建成小康社会目标打下坚实基础。各省（区、市）均制定发布了省级农村人居环境整治三年行动实施方案。

2. 构建工作机制

中央农办、农业农村部切实履行牵头抓总和统筹协调职责，会同相关部委积极推进农村人居环境整治。制定了《农村人居环境整治工作分工方案》，明确了整治提升村容村貌、推进农村生活垃圾治理、推进农村生活污水治理、推进农村厕所革命、推进农业生产废弃物资源化利用、完善建设和管护机制、加强村庄规划等 7 项重点任务的部门职责分工。各省（区、市）高位推动，成立或明确了农村人居环境整治工作相关领导小组，不少省份党委或政府主要负责同志亲自挂帅；各部门按照机构改革的任务分工，及时落实部门责任，省级层面农业农村部门牵头、职能部门分兵把口、齐抓共管的工作格局逐步形成。

农村人居环境整治三年行动

2018年1月，中办、国办印发《农村人居环境整治三年行动方案》，提出到2020年，实现农村人居环境明显改善，村庄环境基本干净整洁有序，村民环境与健康意识普遍增强；强调要坚持因地制宜、分类指导，示范先行、有序推进，注重保护、留住乡愁，建管并重、长效运行，落实责任、形成合力。农村人居环境整治三年行动主要包括以下六方面重点任务：

一是推进农村生活垃圾治理。统筹考虑生活垃圾和农业生产废弃物利用、处理，建立健全符合农村实际、方式多样的生活垃圾收运处置体系。有条件的地区要推行适合农村特点的垃圾就地分类和资源化利用方式。开展非正规垃圾堆放点排查整治，重点整治垃圾山、垃圾围村、垃圾围坝、工业污染"上山下乡"。推进畜禽粪污资源化利用、农作物秸秆综合利用、农膜回收利用、农村清洁能源开发利用等农业生产废弃物资源化利用。

二是开展厕所粪污治理。合理选择改厕模式，推进厕所革命。东部地区、中西部城市近郊区以及其他环境容量较小地区村庄，加快推进户用卫生厕所建设和改造，同步实施厕所粪污治理。其他地区要按照群众接受、经济适用、维护方便、不污染公共水体的要求，普及不同水平的卫生厕所。引导农村新建住房配套建设无害化卫生厕所，人口规模较大村庄配套建设公共厕所。加强改厕与农村生活污水治理的有效衔接。鼓励各地结合实际，将厕所粪污、畜禽养殖废弃物一并处理并资源化利用。

三是梯次推进农村生活污水治理。根据农村不同区位条件、村庄人口聚集程度、污水产生规模，因地制宜采用污染治理与资源利用相结合、工程措施与生态措施相结合、集中与分散相结合的建设模式和处理工艺。推动城镇污水管网向周边村庄延伸覆盖。积极推广低成本、低能耗、易维护、高效率的污水处理技术，鼓励采用生态处理工艺。加强生活污水源头减量和尾水回收利用。以房前屋后河塘沟渠为重点实施清淤疏浚，采取综合措施恢复水生态，逐步消除农村黑臭水体。将农村水环境治理纳入河长制、湖长制管理。

四是提升村容村貌。加快推进通村组道路、入户道路建设，基本解决村内道路泥泞、村民出行不便等问题。充分利用本地资源，因地制宜选择路面材料。整治公共空间和庭院环境，消除私搭乱建、乱堆乱放。大力提升农村建筑风貌，突出乡土特色和地域民族特点。加大传统村落民居和历史文化名村名镇保护力度，弘扬传统农耕文化，提升田园风光品质。推进村庄绿化，充分利用闲置土地组织开展植树造林、湿地恢复等活动，建设绿色生态村庄。完善村庄公共照明设施。深入开展城乡环境卫生整洁行动，推进卫生县城、卫生乡镇等卫生创建工作。

五是加强村庄规划管理。全面完成县域乡村建设规划编制或修编，与县乡土地利用总体规划、土地整治规划、村土地利用规划、农村社区建设规划等充分衔接，鼓励推行多规合一。推进实用性村庄规划编制实施，做到农房建设有规划管理、行政村有村庄整治安排、生产生活空间合理分离，优化村庄功能布局，实现村庄规划管理基本覆盖。推行政府组织领导、村委会发挥主体作用、技术单位指导的村庄规划编制机制。村庄规划的主要内容应纳入村规民约。加强乡村建设规划许可管理，建立健全违法用地和建设查处机制。

六是完善建设和管护机制。鼓励专业化、市场化建设和运行管护，有条件的地区推行城乡垃圾污水处理统一规划、统一建设、统一运行、统一管理。推行环境治理依效付费制度，健全服务绩效评价考核机制。鼓励有条件的地区探索建立垃圾污水处理农户付费制度，完善财政补贴和农户付费合理分担机制。支持村级组织和农村"工匠"带头人等承接村内环境整治、村内道路、植树造林等小型涉农工程项目。简化农村人居环境整治建设项目审批和招投标程序，降低建设成本，确保工程质量。

3. 推广浙江"千万工程"经验

中央农办、农业农村部印发专门通知、召开专题会议，要求各地认真组织浙江"千万工程"经验的学习推广、切实抓好农村人居环境整治的试点示范。农业农村部会同国家发展改革委在深入调研基础上形成了《关于学习推广浙江"千村示范、万村整治"工程经验 深入推进农村人居环境整治工作的报告》，中共中央办公厅、国务院办公厅进行了转发，要求各地结合实际认真贯彻落实。2018年12月27日，组织召开深入学习浙江"千万工程"经验全面扎实推进农村人居环境整治会议，胡春华副总理强调要坚持以浙江"千万工程"经验引领农村人居环境整治工作，由点到面如期完成三年行动任务。各地学习借鉴浙江经验，通过建立示范点、创建样板区，开展了各具特色的试点示范活动，打造了一批生态宜居美丽乡村。

浙江"千村示范、万村整治"工程经验

早在 2003 年，时任浙江省委书记的习近平同志亲自调研、亲自部署、亲自推动，启动实施"千村示范、万村整治"工程（以下简称"千万工程"）。浙江省委、省政府始终践行习近平总书记"绿水青山就是金山银山"的重要理念，一以贯之地推动实施"千万工程"，村容村貌发生巨大变化，为全国农村人居环境整治树立了标杆。2019 年 9 月，浙江"千万工程"获联合国"地球卫士奖"。习近平总书记多次作出重要批示，要求结合农村人居环境整治三年行动计划和乡村振兴战略实施，进一步推广浙江好的经验做法，建设好生态宜居的美丽乡村。总结浙江省推动"千万工程"的坚守与实践，主要有以下七方面经验。

一是始终坚持以绿色发展理念引领农村人居环境综合治理。浙江省通过深入学习和广泛宣传教育，让习近平总书记"绿水青山就是金山银山"理念深入人心。把可持续、绿色发展理念贯穿于改善农村人居环境的各阶段各环节全过程，扎实持续改善农村人居环境，发展绿色产业，为增加农民收入、提升农民群众生活品质奠定基础，为农民建设幸福家园和美丽乡村注入动力。

二是始终坚持高位推动，党政"一把手"亲自抓。习近平总书记在浙江工作期间，每年都出席全省"千万工程"工作现场会，明确要求重大问题地方党政"一把手"都要亲自过问。浙江省历届党委政府坚持"一把手"责任制，成立由各级主要负责同志挂帅的领导小组，每年召开一次全省高规格现场推进会，省委省政府主要领导到会部署。省委省政府把农村人居环境整治纳入为群众办实事内容，纳入党政干部绩效考核和末位约谈制度，强化监督考核和奖惩激励。

三是始终坚持因地制宜，分类指导。浙江省注重规划先行，从实际出发，实用性与艺术性相统一，历史性与前瞻性相协调，一次性规划与量力而行建设相统筹，专业人员参与与充分听取农民意见相一致，城乡一体编制村庄布局规划，因村制宜编制村庄建设规划。注意把握好整治力度、建设程度、推进速度与财力承受度、农民接受度的关系，不搞千村一面，不吊高群众胃口，不提超越发展阶段的目标。不照搬城市建设模式，区分不同经济社会发展水平，分区域、分类型、分重点推进。

四是始终坚持有序改善民生福祉，先易后难。浙江省坚持从解决群众反映最强烈的环境脏乱差做起，到改水改厕、村道硬化、污水治理等提升生产生活的便利性，到实施绿化亮化、村庄综合治理提升农村形象，到实施产业培育、完善公共服务设施、美丽乡村创建提升农村生活品质，先易后难，逐步延伸。从创建示范村、建设整治村，以点串线，连线成片，再以星火燎原之势全域推进农村人居环境改善，实现了从"千万工程"到美丽乡村、再到美丽乡村升级版的跃迁。

五是始终坚持系统治理，久久为功。浙江省坚持一张蓝图绘到底，一年接着一年干，充分发挥规划在引领发展、指导建设、配置资源等方面的基础作用。坚决克服短期行为，避免造成"前任政绩、后任包袱"。推进"千万工程"注重建管并重，将加强公共基础设施建设和建立长效管护机制抓实抓好。坚持

硬件与软件建设同步进行，建设与管护同步考虑，通过村规民约、家规家训"挂厅堂、进礼堂、驻心堂"，实现乡村文明提升与环境整治的互促互进。

六是始终坚持真金白银投入，强化要素保障。浙江省建立政府投入引导、农村集体和农民投入相结合、社会力量积极支持的多元化投入机制，省级财政设立专项资金、市级财政配套补助、县级财政纳入年度预算，真金白银投入。积极整合农村水利、农村危房改造、农村环境综合整治等各类资金，下放项目审批、立项权，调动基层政府积极性主动性。

七是始终坚持强化政府引导作用，调动农民主体和市场主体力量。浙江省坚持调动政府、农民和市场三方面积极性，建立"政府主导、农民主体、部门配合、社会资助、企业参与、市场运作"的建设机制。政府发挥引导作用，做好规划编制、政策支持、试点示范等。注重发动群众、依靠群众，从"清洁庭院"鼓励农户开展房前屋后庭院卫生清理、堆放整洁到"美丽庭院"绿化，因地制宜鼓励农户种植花草果木、提升庭院景观。通过政府购买服务等方式，吸引市场主体参与。通过宣传、表彰等方式，调动引导社会各界和农村先富起来的群体关心支持农村人居环境。

4. 聚焦重点任务

在农村厕所革命方面，中央农办、农业农村部、卫生健康委等8部委联合印发《关于推进农村"厕所革命"专项行动的指导意见》，会同卫生健康委在山东淄博召开全国农村改厕工作推进现场会，举办全国农村卫生厕所新技术新产品展示交流活动，召开干旱、寒冷地区农村卫生厕所技术座谈会，组织科研单位开展农村改厕新技术新产品集成研究。在提升村容村貌方面，中央农办、农业农村部等 18 个部委联合启动实施了村庄清洁行动，发动群众自觉行动开展"三清一改"，即清理农村生活垃圾、清理村内塘沟、清理畜禽养殖粪污等农业生产废弃物、改变影响农村人居环境的不良习惯，集中整治村庄环境脏乱差问题。在农村生活垃圾污水治理方面，组织开展系列调研，总结各地经验做法、技术模式和典型范例，研究工作思路举措。

5. 强化政策支持

农业农村部会同国家发展改革委研究将农村人居环境整治列入中央预算内专项，计划安排资金支持中西部省份整县推进农村人居环境整治。会同财政部研究农村厕所革命整村推进财政奖补政策，采取以奖代补、先建后补等方式，支持各地整村推进农村户厕改造。各地也围绕农村人居环境整治重点任务，从规划编制、财政投入、资金整合、建章立制等方面，出台了一系列有针对性的政策措施。

6. 开展督导激励

中央农办、农业农村部组织 12 个部门开展全国农村人居环境整治督导调研，宣讲政策、了解进展、发现问题、督促推进。落实《国务院办公厅关于对真抓实干成效明显地方进一步加大激励支持力度的通知》，会同财政部研究农村人居环境整治激励措施实施有关工作。各地区也通过调研、督导等多种形式，推动农村人居环境整治各项工作落实落地。

7. 注重宣传动员

中央农办、农业农村部围绕浙江"千万工程"经验、农村厕所革命、村庄清洁行动、农村生活污水治理、农村生活垃圾分类等主题，协调中央媒体、部属媒体及其新媒体进行宣传报道。通过在新闻媒体开设专栏、编发简报（专报）、开通微信公众号和头条号、发放春联等方式，宣传农村人居环境整治政策举措、经验做法、典型范例和工作成效。各地区各部门通过媒体宣传、教育培训、组织评比等多种形式，逐步培养农民卫生健康和绿色环保意识，充分调动参与积极性和主动性。

（八）推动"互联网＋"农村社会事业发展

随着现代信息社会迅速发展和社会信息化变革逐步深入，利用互联网扁平化、交互式、快捷性优势，可以推进决策科学化、治理精准化、服务高效化。目前，先进的信息网络技术被广泛应用在教育、医疗卫生、养老、环保、社会救助、文化体育等社会事业领域，有效改善了服务条件，提高了服务效率。很多地方探索将信息技术应用于农村公共服务，"互联网＋教育""互联网＋养老""互联网＋医疗""互联网＋文化"等公共服务供给模式快速普及推广。例如，江苏省南京市江宁区建设"小江家护"信息化养老平台，整合线上、线下区内养老服务资源，形成了闭环养老服务体系，实现智慧养老。浙江省诸暨市"一证通办"系统涵盖 62 类民生数据信息，324 个事项可"一证通办"，并向全市所有镇村延伸应用，实现"项目审批不出镇、便民服务不出村"，促进城乡公共服务一体化，打通基层公共服务"最后一公里"。广东省广州市从化区开发"仁里集"云平台，建立"线上＋线下"统筹一体化乡村公共服务和基层治理平台，全面提升农村公共服务的移动化、便利化、精细化水平。浙江省遂昌县通过信息化手段建设智慧文化礼堂，将电视端、电脑端、手机端进行互联，整合县城公共文化场所、乡镇文化站和农村文化礼堂，实现了 110 多个场所实时共享文化活动，产生倍增效应。

二、农村社会事业发展的主要成效

党的十八大以来，我国各级财政对农村社会事业的扶持力度不断加强，城乡融合发展的体制机制逐步建立，农村教育、医疗卫生、社会保障、文化体育等社会事业快速发展，农村道路、电网、通讯等基础设施建设全面提速，农村人居环境整治全面展开，农村社会事业得到明显改善，农村面貌发生了深刻变化，农民群众的获得感、幸福感、安全感不断提升。

（一）农村教育事业持续发展，城乡教育差距逐步缩小

党的十八大以来，国家实施"全面改薄""乡村教师支持计划"等政策措施，加快缩小城乡教育差距，促进基本公共教育服务均等化，农村地区教育明显加强，基本办学条件整体改善，入学率稳步提升并处于高位，农民群众受教育水平逐年上升，对教育的获得感和满意度切实提高。

1. 农村学前教育快速发展

学前教育是终身学习的开端，是国民教育体系的重要组成部分，是重要的社会公益事业。国家高度重视学前教育发展，2014年实施第二期学前教育三年行动计划，2017年实施第三期学前教育三年行动计划。2018年11月，中共中央、国务院印发《关于学前教育深化改革规范发展的若干意见》，对新时代学前教育改革发展作出了全面系统的部署，其中强调要把普惠性幼儿园建设纳入城乡公共管理和公共服务设施统一规划；大力发展农村学前教育，每个乡镇原则上至少办好一所公办中心园等。

加大农村学前教育投入。中央财政支持学前教育发展专项资金2018年安排150亿元，其中90%以上投向中西部农村、边远贫困地区。国家发展改革委相继实施农村学前教育推进工程和优质普惠性学前教育资源扩容项目，集中支持各地扩大普惠性学前教育资源。

农村学前教育资源得到较快增长。幼儿园数量和在园规模大幅增长，从2010年到2018年，农村地区幼儿园总数增加了61.6%，高于城市地区5.2个百分点，在园规模增加了26.6%。在新增资源总量中，农村幼儿园占69.8%，在园幼儿占49.2%。

2018 年，农村共有幼儿园 9.41 万所，比上年增长 4.29％，班级 45.31 万个，比上年增长 2.19％，在园人数 1 109.5 万人，比上年减少了 26.2 万人，降幅 2.31％，专任教师 42.56 万人，比上年增长 5.21％。农村幼儿园占地面积为 1.8 亿平方米，比上年增长 6.89％，高中及以上学历专任教师 40.9 万人，比 2017 年增加了 5.5％，占全部农村幼儿园专任教师的 96.19％（表 1-1）。

表 1-1 2017—2018 年农村学前教育发展状况

	2017 年	2018 年	增长率
园数（所）	90 182	94 051	4.29％
班数（个）	443 411	453 134	2.19％
在园人数（人）	11 357 860	11 095 428	−2.31％
专任教师（人）	404 557	425 616	5.21％
教学及辅助用房（平方米）	44 250 160.87	48 558 167.31	9.74％
行政办公用房（平方米）	4 883 812.61	5 271 907.17	7.95％
占地面积（平方米）	168 749 286.29	180 379 078.43	6.89％

数据来源：2017 年、2018 年《中国教育统计年鉴》。

加强师资队伍建设，提升农村幼儿园教师素质。国家连续八年实施幼儿园教师"国培计划"，到 2018 年底，共投入 35.6 亿元，累计培训了近 200 万名幼儿园骨干教师，各地幼儿园园长教师普遍接受了一轮培训。各地也采取有效措施加强幼儿园师资队伍建设。例如，山东省 2018 年启动了公办幼儿园机构编制和人员编制核定工作，将实验幼儿园、乡镇（街道）中心幼儿园、公办学校附属幼儿园纳入机构编制管理，核增人员编制 6 000 余名。

2. 农村义务教育向"上好学"转变

自 1978 年农村中小学教育全面恢复，到 2011 年底全面普及九年义务教育，让农村适龄儿童"有学上"已不再成为问题。党的十八大以来，提升义务教育质量、使适龄儿童"上好学"成为教育均衡发展的新目标。2016 年 7 月印发的《国务院关于统筹推进县域内城乡义务教育一体化改革发展的若干意见》提出，统筹城乡教育资源配置向乡村和城乡结合部倾斜，大力提高乡村教育质量，适度稳定乡村生源，增加乡镇学校寄宿床位，加快缩小县域内城乡教育差距。

2018 年，我国农村共有普通小学 9.06 万所，教学点 8.88 万个，招生 470.75 万人，在校生 2 666.41 万人，普通小学毕业生升学率达到 99.1%；农村共有初中学校 1.48 万所，招生 198.05 万人，在校生 648.41 万人，初中毕业生升学率 95.2%，全国九年义务教育巩固率在保持高水平的基础上持续上升，2018 年高达 94.2%，比上年增加 0.4 个百分点，控辍保学工作取得积极成效。

农村义务教育办学条件不断改善。2018 年，农村小学专任教师 171.74 万人，比上年减少 5.45 万人，初中专任教师 56.33 万人，降幅 3 个百分点；农村初中专任教师 56.33 万人，比上年减少 1.14 万人，降幅 2 个百分点；全国义务教育专任教师学历合格率超过 99.8%，特岗教师留任率超九成；农村小学、初中学校体育场馆、音体美器材、实验仪器达标率都超过了 85%，互联网接入率分别为 97.07% 和 99.07%（表 1-2）。

表 1-2　2017—2018 年农村义务教育发展状况

	小　　学			初　　中		
	2017 年	2018 年	增长率	2017 年	2018 年	增长率
学校数（所）	96 052	90 603	−5.67%	15 288	14 792	−3.24%
教学点数（个）	90 293	88 805	−1.65%	—	—	—
毕业生数（人）	4 308 040	4 286 475	−0.50%	2 078 999	1 980 492	−4.74%
招生数（人）	4 868 875	4 707 541	−3.31%	2 239 841	2 242 130	0.10%
在校生数（人）	27 753 626	26 664 138	−3.93%	6 434 094	6 484 062	0.78%
专任教师数（人）	1 771 923	1 717 430	−3.08%	574 745	563 326	−1.99%
接入互联网校数（所）	91 094	87 956	−3.44%	15 083	14 655	−2.84%

数据来源：2017 年、2018 年《中国教育统计年鉴》。

城乡义务教育均衡发展加快推进。持续深入推进城乡义务教育均衡发展，实现县域内城乡义务教育学校建设标准统一、教师编制标准统一、生均公用经费基准定额统一、基本装备配置标准统一。2018年共有338个县（市、区）通过国家义务教育发展基本均衡督导评估，全国累计数量达到2 717个，占全国总数的92.7%。其中东部地区869个，中部地区861个，西部地区987个。继2014—2017年的北京、天津、吉林、上海、江苏、浙江、安徽、福建、山东、湖北、广东11省（市）后，2018年又有山西、江西、贵州、宁夏、新疆兵团等5个省（区）整体通过国家督导评估认定。

3. 农村高中教育加快发展

农村普通高中教育规模不断扩大。2018年我国农村有普通高中710所，比上年增长5.19%；农村普通高中招生数28.54万人，比上年增长2.75%，在校生人数达到82.08万人，比上年增长5.33%；专任教师6.1万人，比上年增长6.35%。

农村高中教育投入不断增加。我国高中阶段生均一般公共预算教育事业费支出逐步上升，根据教育部、国家统计局、财政部《关于2018年全国教育经费执行情况统计公告》数据，普通高中生均一般公共预算教育事业费支出为14 955.66元，比上年的13 768.92元增长8.62%，为1 186.74元，全国普通高中生均一般公共预算公用经费比上年的3 395.59元增长7.40%。

农村普通高中教师队伍进一步壮大。2018年，农村普通高中共有专任教师61 027人，比上年增长6.35%，农村地区普通高中生师比持续下降，且城乡差距逐步缩小。

高中招生向农村倾斜。2016年9月，教育部发布《关于进一步推进高中阶段学校考试招生制度改革的指导意见》，提出实行优质高中阶段学校招生名额合理分配到区域内初中的办法，招生名额适当向区域内农村学校倾斜。

4. 涉农高等教育稳步发展

农村学生拥有更多机会考上大学。2014年9月，国务院办公厅印发《国务院关于深化考试招生制度改革的实施意见》，逐步形成招收农村和贫困地区学生的国家专项、地方专项和高校专项三个专项计划，并形成长效机制，一大批农村和贫困地区学生获得了进入重点高校学习的机会。2018年保障农村和贫困地区学生上重点大学的专项计划共录取10.38万人。截至2018年底，重点高校招收农村和贫困地区学生专项计划已累计招收47万余人，部分边疆县实现了考取北大、清华零的突破。

几年来，卓越农林人才培养取得显著成果。2018年，我国高校普通本科、研究生招收的农学专业学生毕业人数、招生数和在校生数都有一定增长，特别是研究生数量增长迅速，表明卓越农林人才的培养已经向更高层次发展，为农业农村发展培养了更多懂农业、爱农村、爱农民的"三农"人才（表1-3）。

表1-3　2017—2018年高等教育农学专业各学历层次学生数

学历层次	学生数	2017年	2018年	增长率
本科	毕业生数	66 641	67 537	1.34%
	招生数	73 352	73 556	0.28%
	在校生数	283 963	288 719	1.67%
硕士	毕业生数	18 116	20 233	11.69%
	招生数	30 570	34 698	13.50%
	在校生数	104 922	109 279	4.15%
博士	毕业生数	2 654	2 762	4.07%
	招生数	3 747	4 305	14.89%
	在校生数	15 197	16 560	8.97%

数据来源：2017年、2018年《中国教育统计年鉴》。

5. 农村职业教育蓬勃发展

全国3 000万职业教育在校生中80%左右来自农村，毕业生中

90％以上已实现城镇就业。

中央农业广播电视学校，是我国唯一一所具有从中央到省、市、县完整办学体系的公益性教育培训机构，农广校体系已成为承担高素质农民培训的主阵地。2018 年，全国共有 1 484 所农广校承担培训任务，占全国农广校总数的 66.3％；体系承担培训任务 60.18 万人，占全国任务总量的 62.24％；1 529 所农广校作为专门机构承担培训基础性工作，占全国农广校总数的 68.3％。

稳步推进农村实用人才培养。据《2019 年全国高素质农民发展报告》数据显示，国家农民教育培训专项工程基本覆盖所有农业县，2018 年总投入资金 20 亿元，带动省级财政投入资金 6.25 亿元，重点开展农业经理人、新型农业经营主体带头人、现代创业创新青年和农业产业精准扶贫培训，共培养高素质农民约 90 万人。

6. 农民工随迁子女教育有所改善

农民工随迁子女就读率不断提高。根据《2018 年全国教育事业发展统计公报》，2018 年全国义务教育阶段在校生中进城务工人员随迁子女共 1 424.04 万人，其中，在小学就读 1 048.39 万人，在初中就读 375.65 万人。根据国家统计局发布的《2018 年农民工监测调查报告》，3～5 岁随迁儿童入园率比上年提高 0.2 个百分点，达到 83.5％，义务教育阶段随迁儿童在校率提高至 98.9％，75.3％的农民工家长对随迁儿童教育表示非常满意和比较满意，比 2017 年提高 2.6 个百分点。

7. 农村特殊教育得到改善

2017 年 7 月，教育部、国家发展改革委、民政部、财政部、人力资源社会保障部、卫生计生委、中国残联等 7 部门印发《第二期特殊教育提升计划（2017—2020 年）》，要求提高残疾儿童少年义务教育普及水平，支持依托乡镇中心学校，加强对农村随班就读工作的指导，推动中西农村地区特别是偏远地区特殊教育发展。

全国特殊教育在校生数量总体逐步上升。2018 年全国共有特殊教育学校 2 152 所，比上年增长 2.1%。全国共招收各种形式的特殊教育学生 12.35 万人，比上年增长 11.43%；在校生 66.59 万人，比上年增长 15.05%。相当一部分需要接受教育的儿童、青少年广泛分布在农村地区。2018 年，在我国农村，不包含送教上门在内的特殊教育学校数量为 137 所，比上年增长 3.01%；包含送教上门的特殊教育班级数量为 1 531 个，比上年增长 11.59%；毕业生数量为 16 497 人，比上年增长 20.20%，招生数量为 28 609 人，比上年增长 11.23%，在校生数量为 158 594 人，比上年增长 18.11%。这充分显示出特殊教育在农村越来越受到重视，有更多的农村青少年儿童能接受到特殊教育。

8. 乡村人口教育水平不断提升

乡村人口文化素质不断提高，受高中及以上教育的人口比重上升，小学及文盲人口占比明显下降。2018 年全国人口变动调查显示，我国 15 岁及以上乡村人口中，受高中及以上教育的占 17.4%，比 2000 年提高 9.7 个百分点；未上过学或者仅接受过小学教育的人口占比从 2000 年的 52.3%，降至 2018 年的 38.2%，下降 14.1 个百分点；15 岁及以上人口平均受教育年限从 2000 年的 6.85 年提高到 2018 年的 8.05 年。

农民的综合素质和技术技能水平不断提升，高素质农民[①]队伍质量结构不断优化，受教育程度相对较高，年龄相对年轻。据《2019 年全国高素质农民发展报告》数据显示，截至 2018 年底，全国农村实用人才总量为 225 万人，其中高素质农民 170 万人。从

---

① 根据农业农村部统计口径，农村实用人才包括生产型、经营型、技能服务型、技能带动型、社会服务型。其中生产型、经营型、技能服务型这 3 类农村实用人才被称为高素质农民。

受教育程度看，高中及以上文化程度的占 31.1%，比第三次全国农业普查的农业生产经营人员高出 22.8%；从年龄结构看，35 岁及以下的占 16.8%，35~54 岁的占 72.11%；90.79% 的高素质农民从事农业生产经营的年数在 5 年以上，91.13% 的接受了农业生产经营相关培训，17.80% 的正在接受从中职到本科及以上的学历教育。

（二）医疗卫生事业不断发展，健康状况持续改善

党的十八大以来，农村医疗卫生工作取得重要进展，农村基层医疗卫生设施明显改善，医疗卫生服务质量不断提升，医疗卫生服务体系优化完善，城乡居民基本医疗保险保障范围逐年扩大，农民群众的医疗负担进一步减轻，让农民群众"看得上病""看得好病""少生病、晚生病"，健康水平不断提高。

1. 农村医疗卫生服务更加便民化和均衡化

得益于一体化管理措施的落实和基层卫生机构的合并，近年来基层乡镇卫生院和村卫生室数量有小幅下降趋势，但基层医疗卫生机构的服务水平和质量有所提升，表现为医疗机构床位数的显著提升和人均资源拥有量不断上升。

根据《2018 年我国卫生健康事业发展统计公报》，截至 2018 年底，全国 1 827 个县（县级市）共设有县级医院 15 474 所、县级妇幼保健机构 1 907 所、县级疾病预防控制中心 2 090 所、县级卫生监督所 1 822 所，四类县级卫生机构共有卫生人员 303.9 万人。

截至 2018 年底，全国 3.16 万个乡镇共设 3.6 万个乡镇卫生院，床位 133.4 万张，卫生人员 139.1 万人（其中卫生技术人员 118.1 万人）。与上年比较，乡镇卫生院减少 90 个（乡镇撤并后卫生院合并），床位增加 4.2 万张，人员增加 3.1 万人。每千农村人口乡镇卫生院床位和人员数分别从 2017 年的 1.35 张和 1.42 人，增加至 2018 年的 1.39 张和 1.45 人（图 1 - 2、图 1 - 3、

图 1-4）。

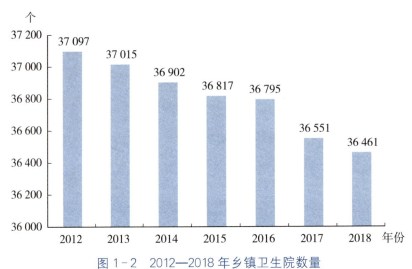

图 1-2 2012—2018 年乡镇卫生院数量

数据来源：2013—2019 年《中国卫生健康统计年鉴》。

图 1-3 2012—2018 年乡镇卫生院床位数

数据来源：2013—2019 年《中国卫生健康统计年鉴》。

加强村卫生室标准化建设，合理配置村卫生室人员。截至
2018 年底，全国 54.2 万个行政村共设 62.2 万个村卫生室。村卫

图 1-4 2012—2018 年乡村每千人口拥有医疗卫生机构与技术人员数

数据来源：2013—2019 年《中国卫生健康统计年鉴》。

生室人员达 144.1 万人，其中：执业（助理）医师 38.1 万人、注册护士 15.3 万人、乡村医生和卫生员 90.7 万人。平均每村村卫生室人员 2.32 人。与上年比较，村卫生室数减少 1.0 万个，人员总数有所减少（图 1-5、图 1-6）。

图 1-5 2012—2018 年村卫生室数量

数据来源：2013—2019 年《中国卫生健康统计年鉴》。

图 1-6 2012—2018 年乡村医生和卫生员数量

数据来源：2013—2019 年《中国卫生健康统计年鉴》。

随着"互联网＋"在医疗领域的推广应用，52.9％的二级及以上公立医院开展了远程医疗服务，城市医生可通过远程医疗与县、乡、村三级医生一起为农村患者会诊，帮助农村患者实现家门口就能"看好病"。

中医药服务在基层扎根。截至 2018 年底，提供中医服务的乡镇卫生院和村卫生室分别占同类机构的 97％和 69％，充分发挥了中医在农民疾病防治中的作用（表 1-4）。

表 1-4 提供中医服务的基层医疗卫生机构占同类机构的比重

单位：％

年份	2013	2014	2015	2016	2017	2018
乡镇卫生院	63.6	64.9	93	94.3	96	97
村卫生室	33.6	34.4	60.3	62.8	66.4	69

数据来源：2013—2018 年《我国卫生健康事业发展统计公报》。

2. 农村医疗卫生服务能力持续提升

农村卫生人才队伍不断扩大。2018 年乡镇卫生院有卫生人员 139.1 万人，其中执业（助理）医师占比近 35％，全科医生数量达 13.5 万；村卫生室人员 144.1 万人，执业（助理）医师占比近

15%。国家免费培养全科医学本科生 9 000 余人已充实到中西部地区的乡镇卫生院；全科医生特岗计划扩大到 19 个省份，中央财政补助标准从每人每年 3 万元提高到 5 万元。

门诊量、诊疗人次、平均住院日反映的是医疗服务的效率和效果。2018 年，乡镇卫生院和社区卫生服务中心（站）门诊量达 19.2 亿人次，比上年增加 0.4 亿人次。乡镇卫生院和社区卫生服务中心（站）门诊量占门诊总量的 23.1%，所占比重比上年上升 0.1 个百分点。2018 年，乡镇卫生院诊疗人次为 11.2 亿人次，比上年增加 0.1 亿人次；入院人数 3 984 万人，比上年减少 63 万人。2018 年，医师日均担负诊疗 9.3 人次和住院 1.6 床日。病床使用率 59.6%，出院者平均住院日 6.4 日。与上年相比，乡镇卫生院医师工作负荷略有下降，病床使用率下降 1.7 个百分点，平均住院日比上年延长 0.1 日。2018 年，村卫生室诊疗量达 16.7 亿人次，比上年减少 1.2 亿人次，平均每个村卫生室年诊疗量 2 685 人次（图 1-7、表 1-5）。

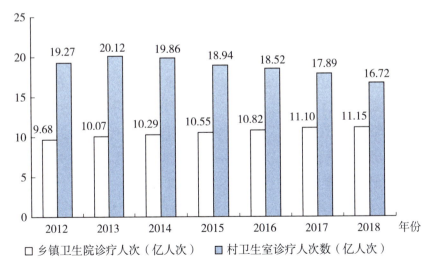

图 1-7　2012—2018 年乡镇卫生院和村卫生室诊疗人次

数据来源：2013—2019 年《中国卫生健康统计年鉴》。

表 1-5　2012—2018 年乡镇卫生院医疗服务情况

年份	入院人数（万人）	病床使用率（%）	平均住院日
2012	3 908	62.1	5.7
2013	3 937	62.8	5.9
2014	3 733	60.5	6.3
2015	3 676	59.9	6.4
2016	3 800	60.6	6.4
2017	4 047	61.3	6.3
2018	3 985	59.6	6.4

数据来源：2013—2019 年《中国卫生健康统计年鉴》。

3. 积极推进公共卫生服务

公共卫生服务体系进一步完善，截至 2018 年底，全国共有公共卫生机构 1.8 万个，人员 87.2 万人。启动重大疾病防控专项行动，实施地方病防治专项行动，艾滋病、结核病、疟疾、血吸虫病等疾病得到有效控制。农村传染性疾病得到有效防控，农村传染病（含呼吸道结核）死亡率自 2013 年至 2018 年从 1.21‰下降到 1.05‰，2018 年较上年下降 0.05‰。国家公共卫生服务项目提质增效，人均基本公共服务经费补助从 2009 年的 15 元提高到 2018 年的 55 元，服务内容逐步增加，服务内涵不断丰富，基金管理、绩效考核和服务日益规范。我国于 2017 年发布了新版的国家基本公共卫生服务项目规范，基本公共卫生服务项目逐渐增加，对比 2011 年的服务项目，已经增加到 13 类 45 项（图 1-8）。

妇幼健康状况持续改善。积极推进农村妇女"两癌（宫颈癌和乳腺癌）"检查、贫困地区新生儿疾病筛查和贫困地区儿童营养改善项目覆盖所有贫困县，免费营养包惠及 580 多万婴幼儿。实施母婴安全和健康儿童行动计划，儿童和孕产妇死亡率持续下降，尤其是农村地区下降更为明显。2018 年，全国新生儿死亡率 3.9‰，农村新生儿死亡率为 4.7‰，农村是城市 1.2 倍；全国婴儿死亡率为

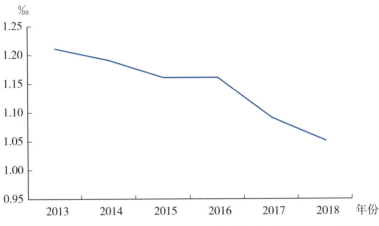

图 1-8 2013—2018 年农村传染病（含呼吸道结核）死亡率

数据来源：2014—2019 年《中国卫生健康统计年鉴》。

6.1‰，农村婴儿死亡率为 7.3‰，农村是城市 2.1 倍；全国 5 岁以下儿童死亡率为 8.4‰，农村为 10.2‰，农村是城市 2.3 倍；农村孕产妇死亡率下降至 19.9/10 万，优于中高收入国家平均水平。农村孕产妇死亡率与 1990 年相比下降了 81.2%，城市与农村孕产妇死亡率之比由 1990 年的 1∶2.2 降至 2018 年的 1∶1.3（表 1-6）。

表 1-6 2012—2018 年城乡妇幼保健状况

年份	新生儿死亡率（‰）		婴儿死亡率（‰）		5 岁以下儿童死亡率（‰）		孕产妇死亡率（1/10 万）	
	城市	农村	城市	农村	城市	农村	城市	农村
2012	3.9	8.1	5.2	12.4	5.9	16.2	22.2	25.6
2013	3.7	7.3	5.2	11.3	6.0	14.5	22.4	23.6
2014	3.5	6.9	4.8	10.7	5.9	14.2	20.5	22.2
2015	3.3	6.4	4.7	9.6	5.8	12.9	19.8	20.2
2016	2.9	5.7	4.2	9.0	5.2	12.4	19.5	20.0
2017	2.6	5.3	4.1	7.9	4.8	10.9	16.6	21.1
2018	2.2	4.7	3.6	7.3	4.4	10.2	15.5	19.9

数据来源：2013—2019 年《中国卫生健康统计年鉴》。

4. 城乡居民更加公平享有基本医疗保障

完善统一的城乡居民基本医疗保险制度，加快整合城镇居民医保和新型农村合作医疗制度。我国新农合参合率逐步提高，从2012年的98.26％上升到2017年的100％。人均筹资水平不断提高，2018年人均筹资654.6元，是2012年人均筹资额的2倍左右，年均增幅超过20％。城乡居民基本医疗保险补助标准逐年增加，2018年人均财政补助标准490元，比2017年增加40元，人均新增财政补助中的一半（人均20元）用于大病保险。2018年，参加全国城乡居民基本医疗保险89 736万人，比上年增长2.7％。2018年，实施新型农村合作医疗保险制度的有辽宁、吉林、安徽、海南、贵州、陕西、西藏7个省份，参保人员1.3亿人，基金收入875亿元，基金支出839亿元，累计结存318亿元（表1-7）。

表1-7 2012—2018年新型农村合作医疗保险情况

年份	参加新农合人数（亿人）	参合率（％）	人均筹资（元）	当年基金支出（亿元）	补偿受益人次（亿人次）
2012	8.05	98.26	308.50	2 408.00	17.45
2013	8.02	98.70	370.59	2 909.20	19.42
2014	7.36	98.90	410.89	2 890.40	16.52
2015	6.70	98.80	490.30	2 933.41	16.53
2016	2.75	99.36	559.00	1 363.64	6.57
2017	1.33	100.00	613.46	754.12	2.52
2018	1.30		645.60	839	

注：由于2016年部分省市将新型农村合作医疗保险与城镇居民基本医疗保险合并为城乡居民医疗保险，统计数据未将这部分人群纳入，因而呈现出参加新农合人数和当年基金支出双双下降的现象。而考虑到人数变动，实际人均基金支出和补偿受益人数都有了较大的增长。

数据来源：2013—2019年《中国卫生健康统计年鉴》。

医疗保险目录范围不断扩大。2017年国家颁布的《国家基本医疗保险、工伤保险和生育保险药品目录》中收录的中成药以及西药的种类达到2 535种，较2012年增长15%左右。

完善城乡医疗救助，进一步在保障农村困难群众基本医疗权益方面发挥重要作用。2013—2018年以来，资助参加医疗保险的人次数虽有所下降，从2013年的6 358.8万人次下降到2018年的7 673.9万人次，但直接进行医疗救助的人次数却不断攀升，从2013年的2 126.4万人次提高到5 361万人次。与此同时，参加医疗保险支出的资助金额以及直接医疗救助支出都在不断提高，2013年这两项支出分别为44.45亿元、18.05亿元，2017年则分别达到74亿元、26.61亿元。数据表明，近年来，我国农村地区的医疗救助情况不断得到改善，直接救助人数以及资助金额都在持续稳定增加。农村因病致贫人口由2014年的2 850万人减少至2018年的516万人（表1-8）。

表1-8　2013—2018年农村医疗救助状况

年份	资助参加医疗保险人次数	直接医疗救助人次数	资助参加医疗保险支出（万元）	直接医疗救助支出（万元）
2013	63 588 271	21 263 657	444 488	1 804 597
2014	67 237 218	23 953 340	484 468	2 041 295
2015	62 130 148	25 158 725	544 835	2 145 715
2016	55 604 175	26 961 185	633 541	2 327 458
2017	56 210 312	35 170 667	739 969	2 660 890
2018	76 739 000	53 610 000		

数据来源：2014—2019年《中国卫生健康统计年鉴》。

（三）社会保障体系逐步完善，标准和待遇稳步提升

2018年，我国农村社会保障体系建设取得明显成效，农村社

会保障制度建设加快推进和完善，实现了社会保障制度全覆盖，参保人数持续增加，待遇水平稳步提高，基本实现老有所养、困有所帮、弱有所扶、残有所助的社会保障总体目标。在农村养老事业上，城乡居民养老保险稳步发展，农村养老服务机构建设不断推进，互助养老等新型农村养老模式得到推广；在农村社会救助事业上，低保、特困、专项救助制度不断发展完善，为农村困难群众提供了强有力的兜底作用。农民工就业创业、社会保障等发展势头良好，残疾人预防康复、就业创业、社会保障、脱贫攻坚等也取得了有益进展。

1. 农村居民基本养老保险覆盖持续扩大

参保人数不断增加，受益覆盖面继续扩大。鼓励和引导农村居民参加城乡居民基本养老保险，落实对贫困人员代缴城乡居民养老保险费政策，将年满60周岁、未领取国家规定的基本养老保险待遇的贫困人员纳入城乡居民基本养老保险，按月发放养老金。自2014年以来，我国城乡居民基本养老保险参保人数持续稳定上升，制度覆盖人口数不断增加，从2014年合并初期的50 107.5万人，逐步上升到2018年的52 392万人，比上年末增加1 137万人，农村居民占95％。其中，实际领取待遇人数15 898万人，比上年增加1.9％。2018年，全国60岁以上享受城乡居民基本养老保险待遇的贫困老人2 195万人，实际享受代缴保费的贫困人口2 741万人，城乡居民基本养老保险使4 936万贫困人口直接受益（图1-9）。

缴费与待遇水平逐步提高。2018年1月1日起，国家将城乡居民基本养老保险基础养老金最低标准由每人每月70元提高到88元，并决定建立激励约束有效、筹资权责清晰、保障水平适度的城乡居民基本养老保险待遇确定和基础养老金正常调整机制。2018年3月，人力资源和社会保障部、财政部印发《关于建立城乡居民基本养老保险待遇确定和基础养老金正常

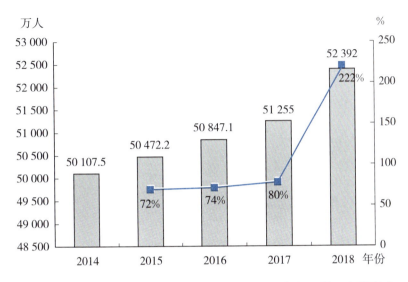

图 1-9 2014—2018 年城乡居民基本养老保险参保人数及年增长率

数据来源：2015—2019 年《中国统计年鉴》。

调整机制的指导意见》，推动城乡居民基本养老保险待遇水平随经济发展而逐步提高。提高标准所需资金，中央财政对中西部地区给予全额补助，对东部地区给予 50％的补助。各地政府结合实际在年限养老金、高龄人员倾斜性养老金、个人缴费档次标准和补贴标准等方面细化和落实有关要求，确定本地区城乡居民基本养老保险待遇。截至 2018 年底，全国城乡居民基本养老保险年人均缴费水平约 300 元；实际月人均待遇水平达到 150 元，其中基础养老金约为 134 元，比上年分别增长了 20.5％和 21％。

基金收支规模进一步扩大。2014—2018 年，我国城乡居民基本养老保险基金支出额和基金收入额相对同步上升，基金结余也不断上升。2018 年，城乡居民基本养老保险基金收入 3 837 亿元，基金支出 2 905 亿元，年末基金累计结存 7 250 亿元，比上年增长 14.8％，资金结余较为充足（图 1-10）。

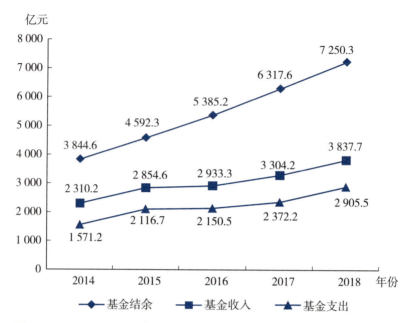

图 1-10 2014—2018 年城乡居民基本养老保险基金收支及基金结余

数据来源：2015—2019 年《中国统计年鉴》。

2. 农村社会救助体系兜底更加有力

社会救助是在国家主导下，为生活困难群体提供适当的物质或精神援助，以帮助他们抵御生存危机与化解贫困的一项社会保障制度，是一项保民生、促公平的托底性、基础性制度安排。农村社会救助事业主要包括最低生活保障、特困人员救助供养制度，以及各专项救助三个方面。

农村低保保障水平不断提高，运行机制更加完善。农村低保保障水平不断提高，低保兜底作用不断增强。截至 2018 年底，全国有农村低保对象 1 901.7 万户、3 519.1 万人，较上年 2 249.3 万户减少 347.6 万户、较上年 4 045.2 万人下降 13.0%。全国农村低保平均保障标准 4 833.4 元/（人·年），比上年 4 300.7 元/（人·年）增长 12.4%，全年各级财政共支出农村低保资金 1 056.9 亿元，较 2015—2017 年呈逐渐上升趋势（表 1-9）。

表 1 - 9 2013—2018 年农村低保情况

年份	低保人数 （万人）	各级财政支出 （亿元）	平均标准 ［元/（人·年）］	平均标准增长率 （％）
2013	5 388.0	866.9	2 434.0	17.7
2014	5 207.2	870.3	2 777.0	14.1
2015	4 903.6	931.5	3 177.6	14.4
2016	4 586.5	1 014.5	3 744.0	17.8
2017	4 045.2	1 051.8	4 300.7	14.9
2018	3 519.1	1 056.9	4 833.4	12.4

数据来源：民政部 2013—2017 年《社会服务发展统计公报》和 2018 年《民政事业发展统计公报》。

低保经办核对机制进一步规范。全国各省份均出台了《社会救助暂行办法》具体实施办法或细则，明确了低保申请家庭收入、财产条件，进一步规范了低保申请、审核、审批程序，强化了入户核查、听证评议、长期公示、动态管理等具体操作环节。《关于进一步加强农村最低生活保障制度与扶贫开发政策有效衔接的通知》进一步完善了农村低保家庭贫困状况评估指标体系。2016 年《社会救助家庭成员工商登记信息核对办法》、2017 年《关于做好社会救助家庭不动产登记信息查询核对工作的通知》等相关政策陆续出台，可从住房、工商登记信息等多个方面进行信息查询核对。据民政部统计，2017 年，全国共开展低保核对 1.15 亿人次，检出不实报告 802 万人次，检出率 6.95％。与此同时，低保核对信息系统建设和核对系统工作人员培训也不断加强，目前全国已有 29 个省份、233 个地级市、1 816 个县（市、区）正在使用或建设核对信息系统。

农村特困人员救助供养制度不断完善，投入持续加大，农村特困人员救助供养制度财政支持力度不断增强。民政部《2018 年民政事业发展统计公报》显示，截至 2018 年底，全国共有农村特困人员 455.0 万人，比上年减少 2.6％。全年支出农村特困人员救助供养资金 306.9 亿元，比上年增长 13.9％。地方政府财政支持也不断增加，农村特困人员基本生活标准、照料护理标准不断提高。以广东省为例，2018 年广东省农村特困人员年人均集中、分散供养标准分别为 10 712 元、9 853 元，比去年同期分别提高了 912元、753 元（表 1－10）。

表 1－10 2015—2018 年农村特困人员救助供养制度情况

年份	农村特困人员数 （万人）	各级财政支出 （亿元）	财政支出增长率 （％）
2015	516.7	210.0	10.6
2016	496.9	228.9	9.0
2017	466.9	269.4	17.7
2018	455.0	306.9	13.9

数据来源：民政部 2015—2017 年《社会服务发展统计公报》和 2018 年《民政事业发展统计公报》。

农村特困人员集中供养机构建设日渐完善。据民政部《2018年民政事业发展统计公报》显示，2018 年，全国共有农村特困人员供养服务机构 13 885 所，床位 154.2 万张。

农村贫困人口显著减少，困难群众基本生活切实改善。据国家统计局全国农村贫困监测调查，按现行国家农村贫困标准测算，2018 年末，全国农村贫困人口 1 660 万人，比上年末减少 1 386 万人；贫困发生率 1.7％，比上年下降 1.4 个百分点。党的十八大以来，从 2012 年末到 2018 年末，全国农村贫困人口累计减少 8 239万人，贫困发生率累计下降 8.5 个百分点。2018 年，贫困地区农村居民人均可支配收入 10 371 元，比上年增加 994 元，名义增长10.6％，扣除价格因素，实际增长 8.3％，实际增速高于全国农村增速 1.7 个百分点。贫困地区农村居民人均可支配收入相当于全国农村平均水平的 71.0％，比 2012 年提高 8.9 个百分点，与全国农村平均水平的差距进一步缩小。

3. 农民工社会保障覆盖面持续扩大

积极推动农民工参加社会保险。我国农民工总量已达 28 836 万人。2018 年，人社部、交通运输部等 6 部门联合印发《关于铁路、公路、水运、水利、能源、机场工程建设项目参加工伤保险工作的通知》，将在各类工程建设项目中流动就业的农民工纳入工伤保险保障。根据国家统计局发布的《2018 年国民经济和社会发展统计公报》，截至 2018 年底，参加工伤保险的农民工有 8 085 万人，比上年增加 278 万人。参加失业保险的农民工有 4 853 万人，比上年减少 44 万人，全年失业保险基金共向 40.2 万名失业农民工发放一次性生活补助 18.2 亿元。2017 年，参加城镇职工基本养老保险的农民工人数为 6 202 万人，比上年末增加 262 万人。根据《2018 年度人力资源和社会保障事业发展统计公报》，截至 2018 年底，工程建设领域在建、新开工建设项目参保率均在 99％以上。

农民工社会保障政策不断完善。不少地区根据各地农民工的特点因地制宜制定了社会保障政策和公共服务政策，形成了农民工社会保障的地方实践模式。例如，广东省将农民工纳入到城镇职工社会保险体系中的"城保模式"，山西省将农民工纳入到流出地农村社会保障体系中的"农保模式"等，各地农民工社会保障政策不断完善。

农民工社会保险转移接续不断规范。为妥善解决农民工社会保险转移接续问题，2014 年《城乡养老保险制度衔接暂行办法》、2016 年《流动就业人员基本医疗保险关系转移接续业务经办规程》等政策文件，以及一系列配套政策和经办规程相继出台，农民工社会保险转移接续问题不断得到规范和完善。据人社部统计，截至 2016 年底，全国基本医保关系跨统筹地区转移接续 190 万人次。

农民工居住状况得到改善，《2018 年农民工监测调查报告》显示，截至 2018 年底，在进城农民工户中，2.9％享受保障性住房，比上年提高 0.2 个百分点。其中，1.3％租赁公租房，比上年提高 0.2 个百分点；1.6％自购保障性住房，与上年持平。

加大被征地农民社会保险费用筹集，落实被征地农民社会保险政策。截至 2018 年底，5 559.6 万人纳入被征地农民社会保障范围。

4. 农村残疾人社会保障与服务不断改进

我国残疾人社会保障体系不断健全，保障力度持续增强。2018年残疾人事业发展统计公报显示，城乡残疾人社会保障取得了突出成效。残疾人养老保险和补贴水平不断提高，截至 2018 年底，60岁以下参加城乡居民基本养老保险的重度残疾人中，享受代缴比例达到96.8％，残疾人两项补贴发放实现全国县（市、区）全覆盖。残疾人基本康复服务覆盖面扩大，全国有 1 074.7 万残疾儿童及持证残疾人得到基本康复服务，较 2017 年增加 220 万人，残疾人康复服务覆盖率达到 79.8％。残疾人康复服务可及性增强，全国省、市、县三级残疾人康复机构 9 036 个，较 2017 年增加了 702 个，开展社区康复服务的县（市）有 1 749 个，基本做到地市级全覆盖。农村残疾人就业形势较好，农村新增 24.9 万残疾人就业，与 2017年相比增加了 2.5 万人。

（四）文化体育事业蓬勃发展，文体生活丰富多彩

全国初步建成了包括国家、省（自治区、直辖市）、市、县（市、区）、镇（街道）、村（社区）在内的六级公共文化服务网络，初步建立起覆盖城乡的以标准化、均等化、社会化、数字化为主要特点的现代公共文化服务体系，基础设施建设更加完善，农村公共文化服务能力和普惠水平不断提高，农民群众享受到更好的读书看报、看电视、听广播、参加公共文化活动等基本公共文化服务，文化获得感不断增强。

我国农村体育事业快速发展，体育场地设施更加完善，农村公

共体育服务能力不断强化，全民健身工程持续推进，农村体育健身赛事活动广泛开展，鼓励和引导广大农民群众积极参加体育健身活动，保障农民群众身心健康。

1. 公共文体设施建设渐趋完备

加快构建农村广播电视现代传输覆盖体系。国家广播电视总局从 2011 年开始实施直播卫星户户通工程，加快实现广播电视公共服务由粗放式覆盖向精细化入户服务升级，由模拟信号覆盖向数字化清晰接收升级，由传统视听服务向多层次多方式多业态服务升级。根据《2018 年全国广播电视服务业发展总体情况》，2018 年底，全国农村广播综合人口覆盖率 98.58%，农村电视综合人口覆盖率 99.01%，比 2017 年分别增长 0.34 和 0.27 个百分点；农村有线广播电视实际用户 0.74 亿户，其中农村数字电视实际用户数 0.66 亿户，比 2017 年 0.63 亿户增长 4.76%；在有线网络未通达农村地区直播卫星用户 1.38 亿户，比 2017 年 1.29 亿户增长 6.98%。全国农村广播节目制作时间 124.64 万小时，比 2017 年 115.66 万小时增长 7.76%，占广播节目制作总时长的 15.55%；全国农村电视节目制作时间 66.54 万小时，比 2017 年 52.80 万小时增长 26.02%，占电视节目制作总时长的 18.60%。全国农村广播节目播出时间 441.46 万小时，比 2017 年 435.36 万小时增长 1.40%，占公共广播节目播出总长 28.92%。农村电视节目播出时间 417.79 万小时，比 2017 年 405.88 万小时增长 2.93%，占公共电视节目播出总时长 21.7%。广播电视公共服务均等化取得实效。

推进县级文化馆、图书馆总分馆制建设。2016 年 12 月，文化部、新闻出版广电总局、体育总局、发展改革委、财政部印发《关于推进县级文化馆图书馆总分馆制建设的指导意见》，各地各部门按照"县县有图书馆文化馆、乡乡有综合文化站"的标准，统筹推进基层综合性文化服务中心建设。截至 2018 年底，已有 1 530 个县建立文化馆总分馆制，1 640 个县建立图书馆总分馆制；建设乡镇综合文化站 33 858 个，占全国群众文化机构的 76.15%；全国农家书屋 58.7 万个，存有图书超过 11 亿册，畅通了将优质资源输送到乡村的渠道。根据《中国第三次全国农业普查综合资料》，2016年，全国 96.8% 的乡镇有图书馆、文化站，11.9% 的乡镇有剧场、影剧院。

深入实施文化惠民工程。美术馆、公共图书馆、文化馆以及乡镇综合文化站"三馆一站"免费向农民群众提供文艺演出、读书看报、广播电视、电影放映、文体活动、展览展示、教育培训等方面的服务。

推进村级综合文化服务中心建设。2015 年 10 月，国务院办公厅印发《关于推进基层综合性文化服务中心建设的指导意见》，在村（社区）统筹建设集宣传文化、党员教育、科技普及、普法教育、体育健身于一体的综合性文化服务中心，截至 2018 年底，已建成 48.37 万个，覆盖率达 83.6%。浙江省实现了村文化礼堂建设全覆盖。

改善体育基础设施，扩大户外运动场地，广大农民享有更加便利的全民健身基本公共服务。《关于进一步加强农民体育工作的指导意见》提出，到 2020 年，实现"农民体育健身工程"行政村全覆盖，农民人均体育健身场地面积达到 1.8 平方米。在"农民体育健身工程"中，全国近 57 万个行政村已建设"一场两台"等体育设施。根据《中国第三次全国农业普查综合资料》，全国每个行政村平均拥有 0.82 个体育健身场所，每个乡镇拥有 0.46 个体育场馆和 2.95 个公园及休闲健身场所；16.6% 的乡镇有体育场馆，70.6% 的乡镇有公园及休闲健身广场，59.2% 的村有体育健身场所。

2. 农民精神文化生活丰富多彩

广泛开展农民群众乐于参与、便于参与的文化体育活动，让农民群众在多姿多彩、喜闻乐见的文化活动中获得精神滋养、增强精

神力量。

开展送文化下乡、送电影下乡、送戏曲下乡活动，把优秀精神文化产品和服务送到农民群众身边。2018年，全国艺术表演团体赴农村演出178.82万场，赴农村演出场次占总演出场次的57.2%，农村观众7.79亿人次，占国内观众总数的56.6%。为国家级贫困地区12 984个乡镇配送了77 094场文艺演出。电影放映深入到田间地头，使全国64万个行政村、6.2亿农民看上电影。

中央宣传部、中央文明办、农业农村部等15家部委组织开展了2018年文化科技卫生"三下乡"活动，进一步动员社会各方面力量，增强乡村文化产品服务供给。2018年元旦春节期间，中宣部、文化部、国家新闻出版广电总局、中国文联等单位联合开展"我们的中国梦——文化进万家"等系列活动。中宣部等组织了120支中央级文化文艺小分队，为开展好文化进万家活动作出示范。全国31个省（区、市）和新疆生产建设兵团党委宣传部也精心安排、广泛组织，文化文艺小分队总量达9 000余支，形成了从中央到省、市、县全面联动格局，极大丰富了农村文化文艺活动。

农民群众自发举办文化活动蓬勃开展。浙江遂昌的乡村春晚于1988年开始举办，农民自编自演，并进行直播，现在已发展成为全国有影响力的农村文化品牌，成立了全国"乡村春晚百县联盟"，乡村春晚接地气有人气，成为春节期间农村的一道文化风景。

此外，举办第七届中国农民歌会，组织开展"中国梦歌曲大家唱"，开展多种形式的文化志愿服务，开展面向革命老区、边疆地区、民族地区、贫困地区的"春雨工程""阳光工程""圆梦工程"文化志愿服务活动，不断丰富农民群众的精神文化生活。

3. 文化传承能力日益提升

坚持文旅融合，支持农村地区地域特色文化、民族民间文化、优秀农耕文化、传统手工艺、优秀戏曲曲艺等传承发展。

成功举办"中国农民丰收节"。2018年农历秋分，首届"中国农民丰收节"庆祝活动在各地成功举行。习近平总书记代表党中央，向全国亿万农民致以节日的问候和良好的祝愿。全国设立6个分会场体现中国农耕文明的区域特点，同时策划了100多个系列活动。各地农民迎丰收、晒丰收、庆丰收，用秋收的累累硕果和农事竞赛、文艺汇演等精彩纷呈的活动，欢庆自己的节日。在县乡村等基层共举办5 000多场庆祝活动，现场参与农民超过3 000万人，实现了农民节日农民办、农民节日农民乐、农民节日全民乐，体现了全社会重农崇农的价值取向。

重要农业文化遗产发掘保护工作稳步推进。加大农业文化遗产保护工作，举办中国重要农业文化遗产主题展。启动第五批中国重要农业文化遗产发掘认定工作，截至2018年底，共认定了91项中国重要农业文化遗产。联合国粮农组织共认定57项全球重要农业文化遗产，其中我国有15项，位居第一。中国农业博物馆会同中国民俗学会、相关社区共同推进农业非物质文化遗产"二十四节气"保护传承，指导河南省登封市、湖南省花垣县、浙江省遂昌县等地方开展丰富多彩的民俗活动，促进传统节庆活态传承。

中国传统村落保护财政支持力度不断加强。住房和城乡建设部、农业农村部等6部委印发《关于公布2018年列入中央财政支持范围中国传统村落名单的通知》，将北京市门头沟区王平镇东石古岩村等444个中国传统村落保护列入2018年第一批中央财政支持范围；将河北省石家庄市平山县杨家桥乡九里铺村等156个中国传统村落保护列入2018年第二批中央财政支持范围。

4. 农村体育活动方兴未艾

坚持农体融合，围绕农业特点、农村特色、农民需求，广泛开展"亿万农民健身活动"，注重将体育活动纳入节庆，使喜爱体育、重视健身成为新农村的风气和新农民的时尚。

举办多项大型赛事活动，推动"亿万农民健身活动"深入开展。2018年，中国农民体育协会不断创新活动形式，以在江苏阜宁举办的第二届全国农民体育健身大赛为龙头，举办了全国乡村农耕趣味健身交流活动暨陕西省第三届"休闲农业·大美田园"趣味运动会、全国农民赛羊邀请赛暨尚义县第十五届赛羊会、全国农民气排球邀请赛暨湖北省农民体协气排球业余联赛等全国性农民体育活动、在诸暨市米果果小镇举办全国农民基层体育骨干健身技能提升暨展示活动。

各地举办富有特色体育赛事活动。比如多地举办的美丽乡村马拉松、天津的登高健身、河北的特色马拉松和精英风筝、河南的武术、山东的舞狮、江苏的农运会、福建的丰收杯篮球赛、湖南的钓鱼赛、云南的自行车赛、内蒙古的沙漠挑战赛、吉林的朝鲜族象棋、黑龙江的集体操和广场舞、陕西的拔河、青海的民族传统射箭、西藏的赛马、重庆的农民水果采收运动会等特色赛事，"一地一品"、各具特色。注重挖掘整理乡村传统体育特色项目，推出了城口"铁棍舞"、巴南"帮鼓舞"等非物质文化遗产类特色项目，充分展现了农村体育活动的地域特色，充分体现了农俗、农趣、农味。

组织全国广场舞展演活动。共举办展演活动 6 225 场，参演团队 64 564 支，参演群众达 209.4 万人，吸引超过 4 206 万人次观看。

（五）农村基础设施提挡升级，人居环境得到改善

党的十八大以来，中央明确提出要坚持把公共基础设施建设的重点放在农村，推进城乡基础设施共建共享、互联互通，推动农村基础设施提挡升级，特别是加快道路、农田水利、水利设施建设，完善管护运行机制，农村基础设施有明显改善。农村人居环境整治工作于 2018 年全面部署、梯次展开，开局良好、成效明显，在一些领域还取得了突破性进展。

1. 农村基础设施条件不断改善

农村饮水安全巩固提升。2018 年，供水工程受益人口 7 800 多

万人，截至 2018 年底建成 1 100 多万处供水工程，服务人口 9.4 亿人。79.7％的农户有管道供水入户，比 2013 年提高 18.8 个百分点。65.3％的农户所在自然村的饮用水得到集中净化处理，比 2013 年提高 19.7 个百分点。

新一轮农网改造升级实施以来，农村电力基础设施条件显著改善，农村电力消费增长很快。一是农村用电条件持续改善。2018 年，全国 99.9％的农户所在自然村通电，比 2016 年底提升 0.2 个百分点。国家电网供区农村供电可靠率 99.79％，综合电压合格率 99.75％，户均配电容量 2.5 千伏安，户均停电时间 18.46 小时，比 2015 年减少 4.44 小时。南方电网供区农村供电可靠率 99.78％，综合电压合格率 98.87％，户均配变容量 2.1 个千伏安，户均停电时间 19.68 小时，比 2015 年减少 14.5 小时。二是带动了农村消费升级。据国家电网公司和南方电网公司初步统计，2018 年，农村用电量合计 24 614 亿千瓦时，占全社会用电量的 36.0％，比 2015 年增长 30.0％，年均增长 9.1％；农村居民生活用电量合计 5 274 亿千瓦时，比 2015 年增长 31.6％，年均增长 9.6％；农村户均生活用电量约 1 400 千瓦时，比 2015 年增长约 24.5％，年均增长 7.5％。2016—2017 年实施农网改造升级的农村，农户新增空调 725 万台、冰箱 500 万台、洗衣机 450 万台、电视机 430 万台、电炊具 610 万台。

农村公路建设成效显著。交通运输部门把"四好农村路"建设作为实施乡村振兴战略的重要支撑，深化农村公路管理养护体制改革，扎实推进农村公路建设向高质量发展。交通运输部、农业农村部、国务院扶贫办联合开展"四好农村路"全国示范县创建工作，截至 2018 年底，共创建"四好农村路"全国示范县 117 个。一是完善农村公路政策法规体系。2018 年印发了《农村公路建设管理办法》《交通运输部关于服务和支持乡村振兴战略实施的指导意见》《交通运输脱贫攻坚三年行动计划（2018—2020 年）》。二是加大投

入力度。党的十八大以来，累计投入中央车购税资金 5 124 亿元用于农村公路建设，2018 年全年完成农村公路固定资产投资 4 962 亿元，同比增长 4.9 个百分点，全年安排中央车购税资金 1 149 亿元支持全国农村公路建设，较 2017 年增长 20%。2018 年，新改建农村公路 31.8 万千米，新增通硬化路乡镇 86 个、建制村 6 348 个，通硬化路乡镇和建制村分别达到 99.64% 和 99.47%，比上年分别提高了 0.21% 和 1.15%。截至 2018 年底，全国农村公路总里程达 404 万公里，较上年增长 0.76 个百分点，彻底解决了农村"出行难"问题。三是管理养护水平不断提高，"路长制"广泛推行，养护制度与资金保障机制进一步完善。实施乡道及以上公路安全生命防护工程 18.9 万公里，四、五类危桥逐步减少，农村公路交通安全条件明显改善。四是运输服务更加便利，新增通客车建制村 7 100 个，具备条件的乡镇和建制村通客车率分别达到 99.1% 和 96.5%。新增直接通邮建制村 1.6 万个，直接通邮率达 98.9%，农村物流节点覆盖率稳步提升。

"四好农村路"

"四好农村路"是习近平总书记亲自总结提出、领导推动实践的一项重要民生工程。2014 年 3 月，习近平总书记作出重要批示，要求进一步把农村公路"建好、管好、护好、运营好"。2016 年 9 月，习近平总书记强调"四好农村路"建设是总结成功经验提出的，要认真落实、久久为功。2017 年 12 月，习近平总书记再次作出重要批示，"四好农村路"建设取得实实在在的成效，为农村特别是贫困地区带去了人气、财气，也为党在基层凝聚了民心。

近年来，交通运输部会同有关部门，坚决贯彻习近平总书记重要指示批示精神，大力推进"四好农村路"建设与发展，取得了显著成就。2013—2017年5年间，全国新改建农村公路127.5万公里，新增农村公路通车里程55万公里，新增620个乡镇和7.4万个建制村通硬化路，每年新增5 000个以上建制村通客车。2018年，全国农村公路里程达404万公里，乡镇、建制村通硬化路比例分别达到99.6%和99.5%、通客车率分别达到99.1%和96.5%，建制村直接通邮率达96%，初步形成了以县城为中心、乡镇为节点、建制村为网点的农村公路网络。

"四好农村路"建设，加速了人流、物流在城乡间的流动，越来越多的农民像城里人一样享受到便捷的交通和物流服务，农村地区资源优势不断转化为经济发展优势，涌现出一批以农村公路为载体摆脱贫困、带动产业、凝聚民心等生动事例，助力形成了一大批宜居、宜业、宜游的特色小镇和美丽乡村。

农村住房质量大幅提高。2018年，农村人均住房面积47.3平方米，混合结构以上农房比例提高到90.2%。农村危房改造取得了实质性进展和良好成效，2018年全国完成建档立卡贫困户等4类重点对象的农村危房改造任务190万户，截至2018年底，累计支持600万户建档立卡贫困户等4类重点对象完成危房改造，上千万贫困农户住上了安全房。

通讯设施覆盖面扩大。2018年8月，工业和信息化部、国家发展改革委联合印发《扩大和升级信息消费三年行动计划（2018—2020年）》，提出"98%的行政村实现光纤通达和4G网络覆盖，有条件地区提供100Mbps以上接入服务能力；确保启动5G商用"。2018年5月，财政部、工业和信息化部联合印发《关于深入推进

电信普遍服务试点工作的通知》，在基本实现行政村通光纤的基础上，继续推动扩大农村地区 4G 网络覆盖，组织开展了第四批电信普遍服务试点。截至 2018 年底，我国行政村通光纤比例已从试点前的不到 70％提升至 98％，行政村 4G 网络覆盖率已经达到 97％，极大提升了我国农村及偏远地区宽带网络基础设施能力。

2. 农村人居环境整治扎实有效开展

在农村厕所革命方面，2018 年，全国完成改厕 1 000 多万户，农村改厕率过半，其中六成以上改成无害化卫生厕所。在农村生活垃圾治理方面，截至 2018 年底，全国 80％以上行政村的农村生活垃圾得到有效处理，有 8 个省（自治区、直辖市）通过了整省验收，69％的非正规垃圾堆放点整治任务已经完成。在农村生活污水治理方面，近 20％的农户生活污水得到处理，污水乱排乱放现象逐步减少。

三、农村社会事业发展的基本经验

新中国成立 70 年来，特别是改革开放和党的十八大以来，党中央始终把增进民生福祉作为发展的根本目的，不断推动农村社会事业发展，深化民生领域改革，让农民群众更多地分享到经济社会发展成果，农村社会事业发展取得历史性成就。中国特色农村社会事业的成功实践积累了诸多宝贵经验，必须长期坚持和发扬。

（一）坚持以人民为中心的发展思想

我们党始终践行以人民为中心的发展思想，保障和改善民生，解决好农民群众最关心、最直接、最现实的利益问题，让改革发展成果更多更公平惠及农民群众。农村社会事业是直接关系到社会公平和全面建成小康社会进程的重要民生领域。党的十九大报告指出："中国特色社会主义进入新时代，我国主要矛盾已经转化为人民日益增长的美好生活需要和不平衡不充分的发展之间的矛盾。"农村社会事业短板是社会主要矛盾在农村的主要表现，直接影响农民安居乐业和农村社会稳定。实践证明，坚持以人民为中心的发展思想，坚持问题导向，扎实推进农村人居环境整治，加快补上农村基础设施和公共服务短板，把农村社会事业这个事关农民福祉的民生事业办好，促进农业全面升级、农村全面进步、农民全面发展，就能不断增强农民群众的幸福感、获得感，进一步夯实党在农村的政治基础和社会基础。

（二）坚持农业农村优先发展

农业、农村、农民问题是关系国计民生的根本性问题，我们党始终高度重视"三农"问题，坚持把"三农"问题作为全党工作重中之重，不断推进"三农"工作理论创新、实践创新、制度创新。2004年开始，中央连续印发以"三农"为主题的1号文件，确立了"多予、少取、放活"方针，提出工业反哺农业、城市支持农村的发展方略，逐步建立健全强农惠农富农政策体系。党的十九大提出实施乡村振兴战略，坚持农业农村优先发展总方针，强调在干部配备上优先考虑，在要素配置上优先满足，在资金投入上优先保障，在公共服务上优先安排。近年来，各地牢固树立农业农村优先发展政策导向，立足进一步调整理顺工农城乡关系，把"四个优先"要求落到具体制度设计、政策制定、财政投入和工作重点摆布上，动员社会各方面力量加大对"三农"的支持力度，把社会事业发展的重点放在农村，推动基础设施向农村延伸，公共服务向农村覆盖，改善农村人居环境，农村正逐步建成安居乐业的美丽家园。

（三）坚持城乡融合发展

我们党始终注意处理好工农、城乡关系，从我国城乡发展不平衡不协调和二元结构的现实出发推进城乡发展一体化，建立健全城乡融合发展的体制机制，逐步形成以工促农、以城带乡、工农互惠、城乡一体的新型工农城乡关系，推动劳动力、资金、技术等要素在城乡之间加快流动，经济结构战略性调整和转型升级加快推进，城乡产业结构、就业结构等也随之发生深刻变化。2018 年，我国常住人口城镇化率达到 59.58%，总体上看，我国城乡发展差距逐渐缩小，城乡结构进一步优化，城镇化质量明显提高，城镇化建设和新农村建设双轮驱动、融合发展的格局正在形成。与此同时，国家做出加力发展农村社会事业的战略部署，加快农村基础设施建设，推进城乡基础设施共建共享、互联互通；开展农村人居环境整治，建设美丽宜居的可持续发展乡村；健全全域覆盖、普惠共享、城乡一体的公共服务体系，推动城乡基本公共服务均等化，促进农业农村现代化与工业化、信息化、城镇化同步发展，使广大农民群众平等参与现代化进程，共同分享现代化成果。

（四）坚持农民主体地位

农民是农村改革和乡村振兴的主体，农民对切身利益的追求、对美好生活的向往，是推动农村发展的内生动力。我们党一直把为亿万农民谋幸福作为重要使命，紧紧依靠农民的智慧和力量推动农业农村的改革发展。农村社会事业发展的出发点和落脚点都是农民，各地坚持农民主体、农民受益，引导农民参与决策、参与建设、参与监督，坚持把农民满意不满意作为衡量农村社会事业发展成功与否的根本标准，保护和调动了广大农民的积极性、主动性和创造性，这是我们党发展农村社会事业的一条重要经验。

四、农村社会事业发展存在的问题

我国农村在经济快速增长的同时，农村社会事业发展也获得了长足的发展，亿万农民在提高生活水平的同时，能够享受到越来越多的社会服务，生活质量逐步提高。但还应该看到，农民在就业、教育、医疗、居住、养老等方面还面临不少难题，农村社会事业发展与经济发展还不相称，与广大农民日益增长的美好生活需要还不相适应，表现出明显的区域及城乡间发展的不平衡性。农村社会事业管理体制和运行机制尚未彻底理顺，改革依然在路上。

（一）农村教育发展差距有待缩减

"乡村弱"和"城镇挤"的结构性问题依然是当前阻碍教育事业发展的绊脚石。农村教育城乡之间和区域之间还存在较大差距。

1. 学前教育资源严重不足

学前教育是实现教育现代化和教育均衡发展中的突出短板。农村学前教育普及程度和教学质量整体偏低，普惠性幼儿园数量缺口较大，尤其是农村地区、少数民族地区、集中连片特困地区资源严重不足。全国还有 4 000 个左右的乡镇没有公办中心幼儿园，个别地方的学前三年毛入园率还在 50％以下，较全国平均毛入园率81.7％还有较大差距。"入园难""入园贵"依然是农民群众反映的焦点。

2. 乡村教师师资力量薄弱

虽然国家和各地都出台了有关支持乡村教师的系列补助和激励方案，但政策落实不够到位，教师规模不足、老龄化、素质偏低是比较突出的问题。目前，幼儿园、小学和初中（不含高中阶段以及大学）教师是 1 131 万人，其中乡村教师 290 多万人，大概占 1/4左右。《2018 年全国义务教育均衡发展督导评估工作报告》显示，在编乡村教师与编外教师未实现同工同酬，教师待遇和生活条件与城镇教师相差较大，校长参加交流轮岗的比例较低，且 10.8％的

县缺少音乐、体育、美术、科学、外语等学科教师，农村师资配置与城市差距较大，各省市对贫困地区乡村教师补助较低，缺少吸引乡村教师的长效机制，乡村优秀教师流失严重。

3. 高中教育普及程度低

农村高中教育资源不足，一些条件薄弱的地方，农村没有高中，高中往往分布在县、市等较为发达地区，这给农村学生进入高中带来一定困难。招生政策对农村学生的挤出效应，一些地方高中对招收农村初中毕业学生的政策倾斜力度不够，导致在农村教育水平偏低的学校就读的学生难以升入高中，影响农村高中教育普及率的提高。

4. 职业教育基础薄弱

农村职业教育改革起步较晚，农村职业人才培养定位不清、教育资源较少。近年来各级部门采取措施加强高素质农民培育和技能培训工作，但一些地方农村职业学校定位不清、培训错位，离农倾向突出，将自己定位成"升学教育"，而非培养服务"三农"现代化、乡村振兴所需农村职业人才的办学目标，培训内容和实际需求错位。2018 年，职业学校数量和招生人数持续下降，专任教师下降 0.59 个百分点，一些地区不重视农村职业教育，缺乏宣传引导，导致职业学校的资源配置与其他教育机构差距较大。

5. 整体受教育程度偏低

农村居民普遍受教育程度集中在初中学历，且中东部地区平均值要高于西北和东北地区。2018 年，农村居民科学素质比例仅为 4.93%，远低于全国公民 8.47% 的平均水平。

（二）农村医疗卫生质量有待提高

农村医疗卫生服务的充足性、公共性和便利性对农民群众的幸福感有显著影响，其中便利性的影响最为显著。当前我国农村医疗卫生事业发展的主要短板和矛盾不再是服务的充足性和医疗资源供给水平问题，已转变为农村医疗卫生服务的质量和便利可及问题。目前，我国医疗卫生设施、技术水平、资源分布等在城乡之间呈现明显差距。

1. 农村医疗卫生服务体系仍显薄弱

医疗卫生服务资源均等化程度不高，农村优质医疗卫生资源匮乏，医疗服务能力不足，乡镇医院优秀医务人员流失严重。

城乡之间的医疗资源呈现巨大的差距，且这一差距还有逐渐扩大的趋势。从卫生机构资源上来看，自 2012 年以来，城市每千人口所拥有的床位数是农村人口的 2 倍还多，并且这一差距还有逐步拉大的趋势。而人均拥有的卫生技术人员差距则更大，2018 年城市每千人拥有卫生技术人员约是农村的 2.2 倍，城市每千人拥有执业医师数是农村的 2.2 倍，而城市每千人注册护士拥有量是农村的 2.8 倍。考虑到城乡之间医疗卫生人员本身素质上的差异性，进一步加剧了卫生资源不平等状况。

基层医务工作人员数量、水平和结构有待提升。2018 年农村每千人口执业（助理）医师数仅为 1.8 人，约是城市的 45%，尤其是在康复、儿科、急诊、精神科等方面的医师数量较少，人才队伍相对薄弱。乡镇卫生技术人员中仅有 15% 左右取得了大学本科及以上的学历，超过一半的职业医生和注册护士仅具有大专及以下学历，其中 34 岁以下的年轻医疗卫生机构人员仅占 32.8%，缺乏年轻注册护士。从专业技术资格来看，具有副高及以上职称的卫生服务人员还不到总体人群的 5%，仅有 4.8% 的执业医师拥有副高及以上职称。但是，从工作年限来看，绝大部分医疗工作者都具有 5 年以上工作经验，接近 50% 的执业医师拥有 20 年以上的医疗卫生经验，考虑工作年限与职称之间的巨大差异，基层卫生职称制度亟待改革完善（表 1-11）。

表 1-11　2018 年乡镇卫生技术人员分年龄、工作年限、学历、职称构成

单位：%

	医疗卫生机构人员	执业（助理）医师	注册护士	药师（士）	技师（士）	其他
按年龄分						
25 岁以下	5.7	0.3	10.0	3.3	7.0	8.9
25～34 岁	32.8	16.5	44.5	31.3	42.6	41.1
35～44 岁	30.8	37.5	27.7	28.1	27.1	25.9
45～54 岁	22.4	32.5	15.1	23.5	17.0	17.0
55～59 岁	4.7	6.7	2.2	8.5	4.1	3.5
60 岁及以上	3.7	6.5	0.4	5.4	2.2	3.5
按工作年限分						
5 年以下	17.4	7.9	21.3	13.3	22.5	27.3
5～9 年	22.1	14.6	28.9	20.1	24.7	24.8
10～19 年	21.6	23.1	21.9	19.0	19.4	20.4
20～29 年	26.1	35.7	21.2	26.6	22.2	18.3
30 年及以上	12.8	18.8	6.8	21.0	11.2	9.3
按学历分						
研究生	0.1	0.2	0.0	0.1	0.0	0.1
大学本科	14.9	20.7	10.3	15.5	13.3	12.0
大专	43.0	43.8	43.4	36.0	49.5	41.9
中专	38.7	32.5	45.2	39.1	34.1	41.0
高中及以下	3.3	2.8	1.2	9.3	3.1	5.1
按专业技术资格分						
正高	0.1	0.3	0.0	0.0	0.0	0.0
副高	2.1	4.5	1.2	1.0	0.8	0.2
中级	13.4	20.8	14.0	12.4	9.9	1.8
师级/助理	29.7	45.1	25.2	31.2	23.7	12.2
士级	42.8	24.0	50.9	45.7	52.1	58.6
不详	11.8	5.3	8.6	9.7	13.4	27.2

数据来源：2019 年《中国卫生健康统计年鉴》。

基层分级诊疗建设凸显不足。分级诊疗是通过将不同疾病程度的患者分配到不同层级的医疗卫生机构进行诊治，从而构建合理高效的医疗卫生体系，改善基层医疗资源配置薄弱的现状，提升乡镇医疗卫生服务水平，缓解乡村居民看病难、看病贵的问题。2015年9月，国务院办公厅出台《关于推进分级诊疗制度建设的指导意见》，提出要在2020年左右基本建成分级诊疗制度。在广大农村地区，村卫生室和乡镇卫生院被视为是基层首诊和常见多发病的承接者。然而从实际效果来看，由于长期以来农村基础医疗资源投入不足导致农村基础医疗薄弱、全科医生不足，农村分级诊疗基本形同虚设，基层医疗机构间转诊随意化，居民首诊意愿普遍不足，村卫生室诊疗人次持续下滑，村卫生室诊疗人次从2012年的19.3亿人次下降到2018年的16.7亿人次，下降约7%，卫生室"空白村"等情况仍然存在。

2. 医疗保障与筹资体系单一

国家整合新型农村合作医疗制度和城镇居民基本医疗保险制度为城乡居民医疗保险制度，其报销封顶线和报销比例与城镇职工基本医疗保险的差距也比较大。

基本医疗保险整体保障效能和经办服务能力有待提升，纳入医保的药品和诊疗服务范围有待扩大。

多元化医疗保险格局仍未实现。我国综合社会调查2015的数据显示，2014年仅有4.6%的农村居民购买了商业医疗保险，这一比例不足同期城市居民的1/4。可能的原因：一是缺乏足够的财政和政策引导，商业医疗保险价格很难为农村居民承受；二是缺乏必要的宣传，导致农村居民对于商业健康保险认知度较低；三是商业保险与医保衔接程度不够高。

3. 公共卫生服务有待进一步加强

城乡之间在基本公共卫生项目的组织管理、资金安排、项目执行等方面存在较大差距。乡镇基本公共卫生服务项目有待全面落

实，国家基本公共卫生服务项目规定了涵盖 14 个方面的城乡居民公共卫生服务项目，由于农村条件的限制，这 14 个方面的公共卫生服务并没能在农村全面落实。2018 年，全国农村孕产妇死亡率、婴儿死亡率、5 岁以下儿童死亡率明显高于城市水平。

基层卫生财政投入区域差异性大，医疗卫生经费主要来自地方政府和医疗机构自身，由于我国不同区域之间经济发展水平差异性较大，导致基层公共卫生服务均等化水平参差不齐。

（三）农村社会保障体系有待健全

近年来，我国农村社会保障事业取得了显著成效，但仍存在一些问题和挑战。例如，在养老事业上，城乡居民基本养老保险参保居民养老保障水平有待进一步提高，农村养老服务供给和服务质量有待进一步加强；在社会救助事业上，低保瞄准和经办机制有待进一步完善，低保救助方式有待向综合救助转变。此外，农民工居住环境和社会保险转移接续等仍然面临挑战，对农村残疾人康复资源、教育资源等的投入还需进一步加强，等等。

1. 农村养老保障和服务缺口较大

2018 年我国 60 岁以上人口达到 2.49 亿，成为全世界老年人最多的国家。随着城镇化进程加快，农村"空巢老人"逐渐增多，为农村社会保障尤其是养老保障服务带来巨大挑战。

一是城乡居民基本养老保险保障水平和中青年群体参保意识有待进一步提高。由于农村居民个人缴费水平低，城乡居民养老金委托投资规模较小，社会力量参与资金筹集途径较少，地方财力有限，导致城乡居民养老保险待遇水平较低。2018 年城乡居民基本养老保险人均领取待遇仅为 1 828 元，而国家统计局数据显示，2018 年农村居民人均食品消费支出、衣着消费支出、居住消费支出分别为 3 646 元、648 元和 2 662 元，城乡居民基本养老保险待遇与农村居民人均基本消费支出还有一定差距。

二是农村养老服务质量有待进一步提高。农村养老服务资源绝对数量不足、区域配置不够均衡、专业程度较低等问题并存。2018年每千名老人床位数29.1张，存在供不应求现象，大量连片特困地区缺少养老机构，且提供的服务项目较为单一。此外，我国至少需要1 300万名照顾失能老人的护理员，但各类养老机构服务人员不足50万，持证人员不足2万，服务质量难以保证，多样化养老服务如居家养老和农村互助养老服务在农村地区发育不足。

2. 农村社会救助水平有待提升

一是农村低保标准偏低，城乡差距较大。2018年农村低保标准为人均4 833.4元，城市人均低保标准为6 756元，一些省份的城市与农村低保水平每人每年相差5 000多元。

二是低保救助标准和救助对象的确定机制有待完善。农村低保动态调整机制有待进一步完善，一些地方存在低保瞄准不够精确问题。另外，农村低保的救助主体较为单一，对特殊群体的需求关注不够。

三是农村专项救助效率有待提升。各类专项救助分属不同行政部门，存在多头管理、信息传递不畅、资源无法整合等问题，且在救助过程中，部分农民对救助产生过度依赖，救助效率有待提升。

3. 农民工社会保障有待加强

第一，农民工就业条件有待改善。《2018年陕西农民工监测报告》显示，在本地非农务工的农民工平均每月工作24天，平均每天工作8.3个小时；外出务工的农民工平均每月工作25.3天，平均每天工作8.5个小时，劳动强度较大。《2017年浙江农民工监测调查报告》显示，用人单位既不为农民工提供伙食、也不提供补贴的比例为55.7%，在住宿方面既不提供住宿、也不提供补贴的比例为70.8%。农民工的就业条件事关农民工的身体健康、人力资本提升和社会融入等，值得关注。

第二，农民工权益的保障范围有待扩大。有的地方农民工与用

人单位签订劳动合同的比例较低，《2018 年陕西农民工监测调查报告》显示，2018 年外出就业农民工中，签订劳动合同的占 36.9%，本地务工农民工中签订劳动合同的占 23%。不签订劳动合同，发生纠纷时农民工权益无法得到有效维护；且因农民工与用人单位未建立稳定劳动关系，无法被纳入城镇职工基本养老保险和基本医疗保险，农民工参加工伤、失业和生育保险的比例偏低。

第三，农民工住房和随迁子女教育等问题较为突出。《2018 年农民工监测调查报告》显示，享受保障性住房的农民工占比 2.9%，住所有独立厕所的农民工比重为 71.9%，还有较大上升空间，电冰箱和洗衣机等家用电器的拥有率也较低，仅为 63.7% 和 63.0%。随迁子女入园和入学率虽然逐年提高，但入园难、升学难、费用高等问题仍需关注。

4. 农村残疾人社会保障有待改善

农村残疾人的社会保障水平仍待进一步提升。一方面，农村残疾人康复服务有待加强。农村残疾人康复资源有限，残疾人得到各类康复服务的比重相对较低，残疾人基层康复中心的服务设施和专业人才建设需要进一步加强，残疾人康复服务的效率和覆盖率亟待提高。另一方面，农村残疾人就业服务水平相对滞后。截至 2018 年，城乡持证残疾人就业人数 948.4 万人，但全国只有残疾人就业服务机构 2 811 家，对农村残疾人开展就业培训能力有限。

5. 农村留守老人和留守儿童关爱救助不足

根据 2016 年民政部的摸底排查结果，全国共有 1 600 万左右的农村留守老年人。这些留守老人由于子女长期不在身边，不少还承担着繁重的农务劳动或者抚育孙辈的义务，在生活、安全、精神层面等存在不同程度的问题。

根据民政部统计显示，截至 2018 年 8 月，全国共有农村留守儿童 697 万余人，与 2016 年全国摸底排查数据 902 万余人相比，全国农村留守儿童总体数量下降 22.9%。从监护情况看，96% 的农村留守儿童由祖父母或者外祖父母照顾，4%的农村留守儿童由其他亲戚朋友监护。由于正常家庭陪伴和教育的缺失，存在着普遍关爱救助不足，以及不同程度的教育、心理健康成长等方面问题。

（四）农村文化体育服务供给不足

从农村基层实践看，公共文化体育服务供给不充分和需求之间的矛盾依然存在，公共文化体育服务供给体制和机制亟须改善优化、特色文化体育市场不够成熟，在广大农村"留住乡愁"任重道远。

1. 政府支持力度尚需提高

一些地方对农村文体事业重视度不够，文化和体育事业发展没有列入政绩考核的重要指标，政策落实不够到位，资金投入力度和使用效率都有待提高。

2. 农村文体设施配置不够科学

城乡文化体育基础设施建设差距较大，而且农村文化和体育设施存在重配置轻运营、重设施轻内容、重形式轻实效等问题。

一是供需错配，需求定位出现偏差。农村文化和体育设施和产品较为单一，集中在图书馆、文化室、书店、影院、篮球场、乒乓球桌等设施和产品，地区差异性和个性化需求体现不够，忽略农村自身特有的文化和体育传统，缺乏农村特色产品。

二是供给来源较为单一。现有农村文化和体育设施设备和服务的供给主要依赖于地方政府，市场和社会力量发育不足，农民多样化需求无法得到有效满足。

三是文体设施运营和管理状况不容乐观。由于投入不足，很多农村文化体育场馆设施简陋，服务功能不全，服务能力较弱。一些乡镇的文化站有室无人，大门常年关闭，或者被挤占挪用；有些文化站仅有几张桌子；有些文化体育活动器材无人问津；一些农家书屋成为装点门面的摆设。

3. 农民主体作用未能充分发挥

农村文化和体育事业的主体是农民，但无论是文化体育工作的决策，还是文化体育服务的提供和参与，都未能充分调动农民的积极性和创造性。

一是文化和体育事业建设过程主要采用"自上而下"的单向供给，农民参与度不高，导致部分农村地区文体公共服务效能不高，不接地气、水土不服，不同程度存在农民"用不上""不想用"的情况。

二是农村文体专业人才队伍建设不足。基层公共文化体育机构专职人员数量不足、学历偏低、队伍不稳定、水平参差不齐问题比较突出，村文化体育服务队伍的管理、激励、保障机制欠缺。例如，基层广播电视服务专职人员和维护人员不足，队伍老化，亟须培训和补充人员。

三是农村文体业余组织发展薄弱。根据《中国第三次全国农业普查综合资料》，全国只有41.3％的行政村有农民业余文化组织，在东、中、西部地区分别为44.4％、40.8％、36.7％。

4. 农村特色文化资源保护挖掘传承不够

中国农村文化产业底蕴深厚、内涵丰富，有很大挖掘潜力和市场空间，但是农村地区的文化产业基础薄弱，有些地区在民俗特色文化市场的发展上盲目照搬其他地区的模式，没有与自身特点充分结合起来。

（五）农村人居环境改善尚处起步阶段

我国农村基础设施欠账较多，仍有村庄存在饮水困难、没有安装公共路灯，通村公共交通水平有待提升，农村生活垃圾污水处理能力不足，资源化利用尚处于探索阶段，农村户厕改造技术和标准还需完善，长效管护机制还需健全。对照《农村人居环境整治三年行动方案》目标任务和农民群众的期盼，农村人居环境整治任务还十分艰巨，面临着一些困难和问题。

1. 思想认识和责任落实还不到位

有的地方对农村人居环境整治重要性紧迫性认识不到位，没有将其作为实施乡村振兴战略的重要内容部署推进；有的一把手抓得不紧，工作责任压得不实，缺乏调查研究和系统谋划；有的地方因机构改革尚未完成，职能分工不明确，部门协调不通畅，存在等待观望心态，延迟了工作进展。

2. 目标任务不够科学

有的地方没有充分认识到农村人居环境整治工作的长期性、艰巨性和复杂性，持续推进、久久为功的理念未真正入脑入心，没有充分考虑发展阶段、承受能力、群众需求和气候环境等，简单下指标、定任务、赶进度。

3. 群众动员不充分

有的地方工作方法简单，政府大包大揽，宣传发动和组织引导农民群众不够，"干部干、群众看"的现象在一些地方还仍然存在；有的群众受传统生活习惯和卫生环境意识影响，认为农村人居环境整治是政府的事情，参与积极性不高。

4. 资金保障机制不健全

农村人居环境整治底子薄、欠账多、公益性强，设施建设资金需求量大，后续运行管护还需持续支持，金融支持和社会资本参与意愿不强。

5. 技术支撑不足

有的地方不分有水没水、冬天是否上冻统一推广一种技术模式，有的新技术新产品没有经过试点示范和充分论证就盲目推广，有些地方简单套用城市的技术、标准和模式。相关科技研发基础薄弱，适宜农村特点的治理模式、技术标准、专业人员匮乏。高寒、干旱等特殊条件地区技术和产品的针对性、适用性不强。

6. 工作进展很不平衡

不论在重视程度、工作力度、推进强度还是工作成效上，地区之间都有明显差距。有的地方已经形成声势、全面推开，并取得了实际成果；有的地方抓了少量的"样板村"，面上还没有行动；有的地方仍停留在一般性工作部署，还没有开展实际工作。

五、农村社会事业发展面临的形势

改革开放以来特别是党的十八大以来，农业农村发展取得了历史性成就、发生了历史性变革，农村社会事业领域发生了巨大变化。当前，我国经济发展进入新常态，经济由高速增长阶段转向高质量发展阶段，工业化、城镇化、信息化深入推进，乡村振兴战略扎实推进，农村发展处于大变革、大转型的关键时期，农村经济社会的深刻变革既给农村社会事业发展带来了机遇，也带来了一些挑战。

（一）实施乡村振兴战略为农村社会事业发展提供了重要机遇

党的十九大提出实施乡村振兴战略，是以习近平同志为核心的党中央深刻把握现代化建设规律和城乡关系变化特征，顺应亿万农民对美好生活的向往，对"三农"工作作出的重大决策部署，是新时代做好"三农"工作的总抓手。

农业农村优先发展总方针为农村社会事业发展提供政策支持。围绕实施乡村振兴战略，各级党委和政府出台了一系列强农惠农的政策，强调在干部配备上优先考虑，在要素配置上优先满足，在资金投入上优先保障，在公共服务上优先安排，加快补上农业农村发展短板，不断缩小城乡差距。

农村工作领导体制为农村社会事业发展提供组织保障。习近平总书记强调："要健全党委全面统一领导、政府负责、党委农村工作部门统筹协调的农村工作领导体制。"落实五级书记抓乡村振兴，要求党委主要领导要真懂"三农"、善抓"三农"，把农业农村工作摆到优先级、重点项上来。

经济实力增强为农村社会事业发展奠定物质基础。我国经济快速发展并成为世界第二大经济体，基本具备加快补上农村社会事业短板的物质基础。

城乡融合发展格局为农村社会事业发展注入活力。党的十八大以来，中央作出了建立健全城乡融合发展体制机制和政策体系的重大决策部署，明确提出要走城乡融合发展之路，着力推动城乡基础设施一体化和基本公共服务均等化，财政投入向农村倾斜，公共服务向农村延伸，推动资源要素城乡双向流动和均衡配置，"工农互促、城乡互补、全面融合、共同繁荣"的新型工农城乡关系正在加快形成。

（二）农村社会转型对农村社会事业发展提出挑战

随着工业化、城镇化、信息化快速推进，农村经济社会正在经历快速转型，人口结构和村庄结构都在发生重大变化。一是村庄数量呈快速减少趋势，根据《2017年城乡建设统计年鉴》，2017年我国有53万个行政村，245万个自然村，分别比2012年减少1.8万个和22.1万个。二是乡村人口持续减少，村庄空心化加剧。根据《2019年中国统计年鉴》，2018年乡村人口56 401万人，比2012年减少7 821万人；乡村人口在总人口中占比40.4%，比2012年下降7个百分点。三是农村人口老龄化、农户空巢化趋势严重。农村人口老龄化程度比城镇更高，根据数据测算，2017年，60岁及以上人口占比，全国是17.3%，城市是15.3%，镇是15.7%，而乡村是19.9%；65岁及以上人口占比，全国是11.4%，城市是9.9%，镇是10.3%，而乡村是13.2%。2018年，60岁及以上人口占乡村总人口的比重为 20.5%，比城镇比重高 4.3 个百分点；65 岁及以上人口占乡村总人口的比重为 13.8%，比城镇高 3.2 个百分点。这些变化对未来乡村治理、农村社会事业发展以及农村公共服务供给提出新的要求。适应农村经济社会新形势新变化，农村公共服务规划如何调整、供给模式如何创新都是新的挑战。

（三）农村社会事业高质量发展的需求越来越强烈

农民群众日益增长的美好生活需求对农村社会事业发展提出了更高的要求。农民生活水平实现了历史性跨越，农民人均纯收入由 1978 年的 134 元增加到 2018 年的 14 617 元，扣除物价因素，改革开放以来实际增长了 108 倍多，增速连续 9 年超过城镇居民，城乡居民收入比由最高年份的 3.33∶1 下降到 2.69∶1。农村消费支出在改革开放后由 116 元增至 2018 年的 12 124 元，恩格尔系数从 67.7%降至 30.1%。以文化消费为例，2018 年农村居民人均文化娱乐消费支出 280 元，较 2013 年增长 60.0%，年均增长 9.9%。这意味着农村正由生存型社会迈进发展型社会阶段，发展的目标逐步聚焦于人的全面发展，而直接表现为农村居民对教育、医疗、养老、文化、社会保障、基础设施、环境保护等方面的公共需求全面快速增长，而且呈现出多样化、个性化、日常化、品质化特点。

（四）扭转城乡社会事业发展失衡格局任务依然艰巨

虽然农村社会事业已取得显著成效，但是农村社会事业发展短板尚未补上，仍然存在区域和城乡间发展不平衡、乡村发展不充分、资源分配不合理、公共服务不均衡等问题，扭转城乡社会事业发展失衡任务艰巨。

首先，扭转传统的重城轻乡的资源分配政策任重道远。长期以来，在城乡二元体制大背景下，我国一直实行城乡分割的二元公共服务体制，城乡公共服务的提供机制不同，公共财政资源配置带有明显的城市偏向，形成了以中心城市为核心向外逐渐递减的圈层结构，越是偏远地区就越被边缘化。广大农村地区的公共服务体系不仅有效供给不足，而且存在信息化水平低、运营效能低、外部保障不足等问题。由于历史上城乡二元分治造成的差距基数太大，缩小城乡之间基本公共服务差距仍需付出巨大努力。

其次，农村社会事业特点决定了其供给难度大于城市。由于农村人口居住分散、交通不发达、信息不畅通、基础设施相对落后，所以农村的服务半径比城市大得多，难度也高，单位服务成本更高，降低了农民对基本公共服务的可及性与可得性。受农村地处偏远、基础设施薄弱、农民消费能力不足等因素制约，由市场提供农村公共服务的激励性不足。且农村基本公共服务投资较大、周期较长、回报率低，导致社会资本进入农村公共服务领域的意愿和积极性不高，农村基本公共服务主要还是依靠中央、地方政府和村集体供给，城乡之间、东中西部农村之间基本公共服务差距有扩大趋势。

六、未来农村社会事业发展的重点任务和政策趋向

增进人民福祉、促进人的全面发展是我们党立党为公、执政为民的本质要求。站在新的历史起点，必须抓住机遇，迎接挑战，在思想认识上牢固树立农村社会事业优先发展的战略导向，努力促进城乡基本公共服务均等化，推动农村社会事业又好又快发展，保障农民群众公平享有政治、经济、社会、文化、环境保护权益，实现起点公平与机会公平，增强决胜全面建成小康社会的民生合力，开创农业农村发展新局面。

（一）加快补上农村社会事业发展短板

农村社会事业发展对农村经济社会发展产生巨大的直接效应和

间接效应，是推动农业农村发展的动力引擎。现阶段，城乡差距大最直观的依然是基础设施差距大，城乡发展不平衡最突出的依然是公共服务不平衡，这既是农业农村优先发展必须优先补上的突出短板，也是影响农民群众获得感、幸福感、安全感的重要关切。应坚持问题导向，从农村社会事业发展中最突出的短板出发，聚焦农村社会事业发展的重点。

在农村社会保障方面，要加强普惠性、基础性、兜底性民生建设。特别是积极应对农村人口老龄化加剧形势，提高城乡居民基础养老金最低标准；加快建立社会养老服务体系和发展老年服务产业。坚持"政府主导、市场主体、社会参与"的方针，加快构建以居家养老为基础、社区为依托、机构为补充、医养结合发展的养老服务体系；大力加强养老设施建设，大力拓展为老服务功能，大力提升社会养老服务保障水平，发展互助式养老等，不断满足多元化、多层次的养老服务需求；加强农村低保对象动态精准管理，合理提高社会救助水平。

在农村基本医疗保障方面，适当提高城乡居民基本医疗保险财政补助和个人缴费标准，国家在全面消除乡村医疗卫生机构和人员"空白点"的基础上，建立农村医疗预防保健三级网，围绕疾病预防和健康促进开展行动，使农民从"能看病"到"看好病"乃至"少得病"。加强乡村医生队伍建设，建立引导城市医务人员到农村基层服务的政策措施，提高镇村医疗服务质量和水平。

在农村人居环境方面，对标全面建成小康社会硬任务和《农村人居环境整治三年行动方案》目标任务，深入学习推广浙江"千万工程"经验，实施加强农村饮水、道路、用电、住房、信息网络等基础设施建设工程，扎实推进村容村貌提升、农村垃圾污水治理、厕所革命和农业废弃物资源化利用等重点任务。

在农村基本公共教育方面，着力补上农村学前教育突出短板，推进城乡义务教育均衡发展，完善引导城市优质教学资源下乡的政策措施，强化乡村教师待遇保障机制，建立乡村教师荣誉机制。

在农村文化公共服务方面，保障农民的基本文化权益，提升农村公共文化服务能力，满足农民多元化与个性化的公共文化服务需求，让农村公共文化服务可触及、易获取、可享用。支持建设农村文化礼堂、文化广场，保护和传承优秀农村传统文化，支持农民自办文化活动，不断激发乡村文化创造力。

在农村公共体育服务方面，扶持民族民俗民间传统和乡村农味农趣运动项目，打造具有区域特色、影响力大、可持续性强的品牌赛事活动。加强科学健身指导，有针对性地培养农村体育骨干，积极培育农村体育组织，大力发展群众性体育活动。

（二）推进城乡基本公共服务均等化

基本公共服务是公共服务中最基础、最核心的部分，是最基本的民生需求，也是政府公共服务职能的"底线"。基本公共服务均等化是指全体公民都能公平可及地获得大致均等的基本公共服务。要以普惠性、保基本、均等化、可持续为方向，按照"兜住底线、引导预期，统筹资源、促进均等，政府主责、共享发展，完善制度、改革创新"的基本要求，加快推动基本公共服务城乡制度并轨和标准统一，全面建立标准体系，稳步提高均等化水平。

完善农村基本公共服务清单和标准体系。根据现行法律法规和相关政策，认真梳理面向农村的基本公共服务清单，合理划分中央事权和地方事权，把清单变成一项项为农民群众服务的具体项目。根据经济社会发展状况，完善农村基本公共服务标准，明确各项目的保障水平、覆盖范围、实现程度，适时对清单和标准进行动态调整，通过标准化的公共服务供给制度促进城乡基本公共服务均衡发展。

（三）创新农村社会事业多元化供给机制

农村社会事业的主体多元化、渠道多元化和方式多元化是公共服务供给的发展趋势。政府的比较优势在于服务类别与数量的选择、服务标准的制定、服务价格和质量的监督，相比之下，生产和交付这些服务，具有专业技能的供应商则更具有比较优势。因而，政府主要充当公共服务的"安排者"，承担财政筹措、业务监管与绩效评估等责任；公共服务的"生产"则由市场组织、"第三部门"等多元力量共同承担。在多元结构中，政府发挥兜底作用和主导作用，实现对多元主体的引导、规范与整合，保证公共服务的公益属性和均衡供给。

要加快推进农村社会事业供给机制改革，探索农村社会事业多元化供给机制，发挥市场机制的作用，扩大农村社会事业面向社会资本开放领域，鼓励和引导社会资本参与农村公共服务设施建设和运营管理，积极推行政府购买、特许经营、合同委托、服务外包、土地出让协议配建等多种提供基本公共服务的方式，积极培育包括社会团体、行业组织、社会中介组织、志愿团体等在内的各类社会组织，采取"补供方"与"补需方"相结合的方式，形成多元主体协同供给的格局，不断提升公共服务的生产能力和供给效率。

（四）发挥农民在农村社会事业发展中的主体作用

农村社会事业的直接受益群体是亿万农民，他们是否满意是衡量农村社会事业发展的唯一标准。因此，在发展农村社会事业中，要走群众路线，把实现好、维护好、发展好广大农民群众的根本利益作为出发点，尊重农民主体地位和首创精神，回应农民真正关切，充分调动其积极性、主动性和创造性。"农民的事让农民商量着办"，让农民自己"说事、议事、主事"。

一是保障农民群众在农村社会事业发展中的知情权、参与权、表达权和监督权。健全完善民主决策、民主管理、民主监督机制，提供让农民反映诉求的机会和平台，动员和组织农民在调研访谈、方案选择、公告公示、结果评价等各环节积极参与，从"政府强主导、农民弱表达"向"政府理性引导、农民充分表达"转变，发挥农民的主人翁作用。

二是招募和培训本土人才，充实志愿者和基层从事社会事业工作的人才队伍，鼓励支持在乡村土生土长的乡贤、农村能人积极参与农村社会事业的志愿服务和协助培训等活动，采取"政策补贴＋志愿服务"形式，实现社会服务和管理人才的本地化。

（五）推动农村公共服务与信息技术深度融合

推进大数据、云计算、人工智能、物联网等新一代信息技术在农村公共服务领域集成应用，探索教育、医疗健康、养老、文化、体育等领域线上线下融合互动的社会服务供给体系，促进农村公共服务数字化、网络化、智能化、协同化，拓展农村公共服务内容，扩大服务资源覆盖范围，提升资源配置效率，实现农村公共服务"普惠均等、便捷高效、智能精准"供给，有效解决农村公共服务资源相对短缺、优质服务资源供给不足问题。加快建设信息管理平台，畅通公共服务供需交流渠道，实现公共服务数据互联共享，完善公共服务资源调配机制，使农村公共服务的提供更便捷、更高效，让"数据多跑路，农民少跑腿"。针对农村公共服务供给"碎片化"、公共服务供需不匹配、资源浪费的问题是公共服务供应链中的短板，可以充分利用数据化、信息化、网络化手段精准识别公共服务需求，促进公共服务决策科学化，实现精准供给。

第二篇

我国农村社会事业核心指标与发展态势研究①

——基于近年来统计资料的分析

推进农村社会事业发展，是补上全面建成小康社会突出短板的关键举措，也是建设中国特色社会主义现代化国家的基础战略。新中国成立 70 年来，党中央始终把增进民生福祉作为发展的根本目的，持续推动农村社会事业发展，不断深化民生领域改革，让农民群众更多地分享到经济社会发展成果。党的十八大以来，以习近平同志为核心的党中央在深化民生领域取得改革成果的基础上，推动城乡基础设施共建共享、互联互通，农村社会事业取得新进展、农村公共服务达到新水平，乡村面貌焕发新气象。但总体上看，我国农村社会事业发展仍然滞后，与农民群众对美好生活的向往还有一定差距。

党中央、国务院明确提出，全面建成小康社会，最突出的短板在"三农"。要加大农村基础设施建设力度，提高农村供水保障水平，扎实搞好农村人居环境整治，提高农村教育质量，加强农村基层医疗卫生服务，加强农村社会保障，改善乡村公共文化服务，治理农村生态环境突出问题。落实中央精神，必须加快补上农村社会

---

① 本报告数据主要来源于：中国统计年鉴、中国农村统计年鉴、中国城乡建设统计年鉴、全国农民工监测调查报告、中国环境统计年鉴、中国交通年鉴、中国社会统计年鉴、中国卫生健康统计年鉴以及中国第一、二、三次全国农业普查资料等公开资料。

事业发展短板，提高农村公共服务水平。本报告针对性聚焦若干领域，筛选部分代表性指标，对全国层面的农村发展及社会事业相关数据进行分析，并在总结农村社会事业发展基本经验的基础上，提出相关建议。

一、农村社会事业核心领域及指标构成

加快推动农村社会事业发展，必须在明晰社会事业概念内涵的基础上，合理划分农村社会事业领域，明确农村社会事业核心指标，为农村社会事业发展提供依据。

（一）社会事业概念辨析

概念的明晰是指标确定的前提条件。从目前来看，常用且常混用的有"公益事业""社会事业""公共事业"三个重要概念。三个概念既相互联系、互相建构，又在内涵、外延及使用场合等诸多方面存在明显差异。"公益事业"主要突出"社会公众的共同利益"，多指卫生、救济等对公众有益的福利事业。"公共事业"主要指为满足社会全体或大多数成员的基本需要，由公共机构运用公共权力与公共资源提供的服务。而"社会事业"的内涵更为宽泛，主要是指以政府为主导、以事业单位为主体、由社会力量广泛参与，充分发挥市场机制作用，为居民提供的教育、科技、卫生、文化等社会建设和服务活动。如表2-1所示，"社会事业"可以从公益事业与营利事业、公办事业与民办事业、公共事业与其他事业等不同维度进行分类。农村社会事业的核心领域应体现为以政府和事业单位为主要供给者、以其他非营利性组织为补充，满足农村居民基本公益性服务的事业范畴（表2-1）。

表 2-1 社会事业分类

事业性质	公益事业			营利事业
举办主体	公办事业		民办事业	
管理主体	公共事业	其他事业		
事业主体	政府	事业单位	非营利组织	企业
角色定位	事业管理者	服务提供者	服务提供者	服务提供者
职能作用	主导	公益服务主体	"优先机制"	"客观公益"
政策目标	保障服务供给	基本公益服务	多元化、个性化服务	产业发展、多层次、多样化服务
运行方式	规划、财政供给、特许、购买、监管	公共生产、部分市场运作	志愿提供、公私合作、私私合作	市场运作、公私合作、私私合作
资金来源	公共权力、税收等公共资源	财政支持、服务收费、捐赠	捐赠、服务收费、财政支持	市场经营、财政支持、自身补贴

资料来源：赵立波，公益事业、社会事业、公共事业辨析，《山东社会科学》，2017年第1期。

（二）农村社会事业领域划分

社会事业涵盖面广、涉及部门多，是一项系统工程。根据中共中央、国务院颁布的《关于建立健全城乡融合发展体制机制和政策体系的意见》，建立健全有利于城乡基本公共服务普惠共享的体制机制，需要在教育、医疗卫生、文化、社会保障、乡村治理等方面发力，推动社会事业向农村覆盖。党的十九大报告中"保障和改善民生"的有关阐述，可以理解为满足群众在就业、教育、医疗、居住、养老等方面的需求。在我国政府发布的相关文件中，社会事业一般包括教育、科技、文化、体育、医疗卫生、劳动就业、社会保障、社区建设、人口与计划生育等9个方面。也有研究指出，社会事业包括教育、收入分配、社会保障、医疗卫生、住房、文化等领域。基于此，以中央文件为主要依据，以相关研究资料为参考，农村社会事业的主要领域至少应该涵盖教育、医疗卫生、文化、社会保障等方面。同时，在实施乡村振兴战略背景下，农村社会事业不仅仅是一般领域"社会事业"服务内容在农村地区的简单体现，而应当具有更加丰富的内涵界定。一方面，中央提出，坚持农业农村优先发展，要把公共基础设施建设的重点放在农村，推动公共服务资源更多向农村倾斜。鉴于农村基础设施建设与公共服务供给紧密相关，农村社会事业核心指标应当涵盖部分反映农村基础设施建设的相关内容；另一方面，城乡融合发展的直观体现是逐步缩小城乡差距，因此还应当设置部分反映城乡发展情况对比的相关指标。

（三）农村社会事业核心指标筛选

农村社会事业既有长期性和滞后性，又有复杂性和特殊性。对农村社会事业发展进行密切跟踪与客观评价，要求建立一套科学、可行的指标体系，从中筛选部分核心指标进行重点统计监测，及时反映农村社会事业动态变化情况。核心指标筛选，应坚持科学性与可操作性相结合、简约性与可比性相结合的原则，充分利用现有的统计资料，确定教育事业、医疗卫生事业、社会保障、文化事业、人居环境、生活质量等六大方面20个核心指标。在二级指标的设计过程中，课题组注意筛选了覆盖率和水平（质量、效益）两个层次的指标。比如，最低生活保障覆盖率（农村低保覆盖人数/农村人口）是覆盖率指标，农村人均低保支出是水平（质量、效益）指标。总的考虑是，应先解决覆盖的问题，就是有没有的问题；再解决质量效益的问题，就是好不好的问题。同时，还要注意对一些覆盖率较高的指标进行取舍（表2-2）。

表 2-2　农村社会事业核心指标体系

教育事业	1. 学前教育毛入园率
	2. 农村生均公共财政预算教育事业费
	3. 农村义务教育学校本科以上学历教师比例
医疗卫生事业	4. 每万人拥有农村执业（助理）医师数
	5. 每千农村人口乡村医生和卫生员数
	6. 每千农村人口乡（镇）卫生院床位数
	7. 卫生室村庄覆盖率
社会保障	8. 农村每千老年人口养老床位数
	9. 农村居民最低生活保障覆盖率
	10. 农村人均最低生活保障支出
文化事业	11. 县及县以下单位文化事业费支出情况
	12. 乡镇文化站
	13. 农村互联网普及率
人居环境	14. 农村改水受益率（自来水普及率）
	15. 对生活垃圾进行处理的行政村比例
	16. 对生活污水进行处理的行政村比例
	17. 户用卫生厕所普及率
	18. 村内道路硬化率
生活质量	19. 农村居民人均可支配收入增幅
	20. 城乡居民人均可支配收入比

资料来源：根据相关资料制作而成。如无特殊说明，下同。

二、我国农村发展基本情况及特点

当前，我国农村发展既拥有前所未有的发展机遇，也面临一系列制约和挑战。只有全面、客观、准确地反映我国农村发展中正在发生的深刻变化，并将其置于城乡融合的大背景下和经济社会发展全局进行系统分析和研判，才能准确把握未来我国农村社会事业的发展方向、目标定位和实现路径。

（一）村庄数量快速减少，传统村落保护面临挑战

村庄是农村社会事业的基本承载和重要依托，也是"乡愁"凝结的根脉所在。随着工业化、城镇化不断发展，中国社会承续千年的自然村落正规模化地消失。截至 2017 年，我国有 53 万个行政村，245 万个自然村，数量比约 1∶5。数据表明，行政村和自然村虽然个别年份有所增加，但整体都呈快速减少趋势。从 2008 年到 2017 年十年间行政村平均每年减少 3 860 个，自然村平均每年减少近 2 万个，相当于每天减少 11 个行政村、55 个自然村，行政村和自然村年均减少比例分别为 7‰和 8‰。数据分析还发现，个别年份波动较大，如 2017 年自然村减少 16.8 万个，是前几年的 3～6 倍（图 2 - 1）。

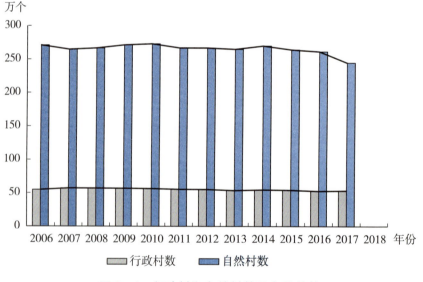

图 2 - 1　行政村和自然村数目变化趋势

伴随着村庄数量不断减少，一大批中国传统村落也在加速消亡。据有关部门统计，近 15 年来传统村落锐减近 92 万个，并正

以每天 1.6 个的速度持续递减。进入新世纪以来，我国开始高度关注传统村落保护工作。从 2003 年至 2018 年，我国先后公布了 7 批 487 个国家级历史文化名村，5 批 6 819 个中国传统村落，覆盖全国 31 个省、自治区、直辖市。但由于我国传统村落多数位于相对偏僻的地方，空间位置较为边缘，数量众多、分布不均，地域差异明显，整体上南多北少、东多西少，集中分布于西南、华东地区，特别是云南、贵州两省数量最多。同时，传统村落存在多头管理、产权不清等问题，导致各种资源得不到有效整合。这严重影响了保护工作的系统有效开展，尤其是受到各类自然、历史与时代因素的影响，过度保护与过度开发并存，不少传统村落的损坏程度日益加深、消亡的速度不断加快，保护工作形势严峻。

（二）乡村人口持续减少，农民工流动分化趋势显现

当前，城镇化仍是历史大趋势。我国乡村人口在 1995 年达到峰值 8.6 亿，此后持续减少。至 2018 年，乡村人口有 5.6 亿，占我国总人口的 40.4%。近十年来，每年乡村人口下降趋势稳定，年度人口减少比例大致在 2% 左右，年度减少值在 1 000 万以上。截至 2017 年，从乡村人口规模看，河南、四川、山东、河北、湖南依然是我国乡村人口大省；从乡村人口比重看，西藏、贵州、甘肃、云南、广西、新疆的乡村人口比重仍在 50% 以上（图 2 - 2）。

农民工既是乡村人口的重要组成部分，又是乡村人口进城落户的最大"潜在"群体。截至 2018 年，我国共有农民工近 2.9 亿，其中乡内务工农民工 1.2 亿，外出务工农民工 1.7 亿。如图 2 - 2 所示，十年来，两类农民工的增速都在放缓。其中，2012 年是转折点。从这一年开始，乡内农民工无论是增长速度还是增长的绝对数量都开始超过乡外农民工，二者数量差距开始缩小。2018 年外出农民工中进城农民工比上年减少 204 万人，下降 1.5%。农民工

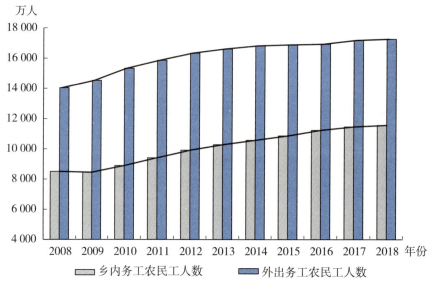

图 2-2　农民工乡内务工与外出务工对比图

在乡内务工、省内流动和省外流动的比例分别为 40%、33% 和 27%。分地区来看，东部、西部和东北地区外出农民工以省内流动居多，唯有中部地区农民工跨省流动居多（表 2-3）。

表 2-3　2018 年我国外出农民工省内外流动比例

单位:%

按输出地分	跨省流动比例	省内流动比例
东部地区	17.2	82.8
中部地区	60.6	39.4
西部地区	49.6	50.4
东北地区	26.4	73.6
合计	44.0	56.0

（三）城乡居民人均可支配收入比下降，但绝对差距仍在持续扩大

城乡收入差距缩小的实质是缩小"贫富差距"，是全面建成小

康社会的重要任务。21 世纪以来，农村居民人均可支配收入持续增长，从 2013 年的 9 429.6 元增加到 2018 年的 14 617.0 元，但年增幅自 2015 年以来略有回落，2014 年增幅为 17.91%，2018 年仅为 8.82%。数据显示，我国城乡居民人均可支配收入比在持续下降，从 2004 年的峰值 3.45 倍下降到 2018 年的 2.69 倍，但收入差距绝对值仍在继续拉大。比如，2009 年农村居民人均可支配收入为 2 210 元、城镇居民人均可支配收入为 5 854 元，两者相差 3 644 元；2018 年城乡居民人均可支配收入差距扩大到 24 634 元（图 2-3）。

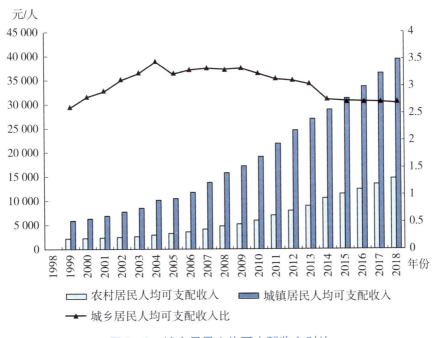

图 2-3 城乡居民人均可支配收入对比

（四）脱贫攻坚取得决定性成就

精准扶贫、精准脱贫落地生效，脱贫攻坚取得重大决定性成就。2018 年共减少贫困人口 1 386 万人，全国农村贫困人口从

2012 年底的 9 899 万减少到 2018 年底的 1 660 万，累计减少贫困人口 8 239 万人，贫困发生率从 10.2% 下降到 1.7%，减少了将近 9 个百分点。建档立卡贫困村从 12.8 万个减少到 2.6 万个。全国 832 个贫困县有一半已摘帽。连续 6 年超额完成千万以上减贫任务。其中，深度贫困地区脱贫攻坚取得重大进展，"三区三州"脱贫攻坚进展顺利。精准帮扶举措持续落地见效，产业扶贫、就业扶贫、易地扶贫搬迁、生态扶贫等深入实施。东西部扶贫协作和定点扶贫强力推进。贫困地区农村居民收入稳步增长，贫困人口生产生活条件切实改善，医疗卫生水平显著提高，综合社会效应逐步显现。预计到 2020 年底，中华民族近代以来的绝对贫困问题将得到历史性解决（表 2-4）。

表 2-4　2014—2020 年我国的贫困标准和人口数

年份	贫困线标准［元/(人·年)]	人口数（万人）
2014	2 800	7 017
2015	2 968	5 575
2016	3 146	4 335
2017	3 335	3 046
2018	3 535	1 660
2019（预测）	3 747	600
2020（预测）	4 000	0

注：需要说明的是，建档立卡贫困户以 2013 年农民人均纯收入 2 300 元的国家农村扶贫标准和"两不愁、三保障"为识别标准，以户为单位，家庭总收入减去生产经营费用总支出除以家庭人口，在此标准下的农村家庭，识别为贫困户。

全面建成小康社会以后，我国反贫困战略将发生历史性转变，相对贫困在扶贫工作中的战略定位将更加凸显。从地方层面看，许多省份以收入为主要依据探索相对贫困的标准划定，实施了各具特色的区域扶贫开发战略。考虑到地区间的发展差异，《中国农村扶贫开发纲要（2011—2020 年)》提出各省（自治区、直辖市）可根据当地实际制定高于国家扶贫标准的地区扶贫标准。一般而言，地方扶贫标准可在当地农民人均收入的 30%～50%范围内综合确定。据统计，全国有十多个省份制定了高于国家标准的地方标准，一般在 4 000 元左右，高的超过 6 000 元。比如，浙江省早在 2012 年就将省扶贫标准确定为 4 600 元，是当时全国扶贫标准两倍。2015 年底，江苏提前实现"到 2020 年贫困人口人均收入大约 4 000 元"的全国扶贫目标后，按照 2020 年全省全面小康农民人均收入的 20 000 元的目标值，确定了 6 000 元的扶贫标准。还有的省份分段设立了高于国家标准的动态扶贫标准。如广东省将按 2012 年全省农民人均年纯收入的 33%确定为 2013—2015 年农村扶贫标准，而 2016—2020 年则以 2015 年为基期，根据当年经济社会发展情况和相对贫困人口规模确定扶贫标准。2020 年以后，我国扶贫事业将从解决绝对贫困问题向缓解相对贫困问题转变，探索建立解决相对贫困的长效机制。

（五）农村改革继续加快推进

我国农村发展之所以取得显著成就，关键在于持续不断推进农村改革，建立了符合我国国情农情的农村制度体系。近些年来，我国家庭承包经营制度不断创新，赋予农村基本经营制度新的活力。新修订《土地管理法》《农村土地承包法》等相关法律法规，第二轮土地承包到期后再延长 30 年，进一步保障农村土地承包关系稳定持续。创造性设立承包地"三权分置"制度，推进农村土地承包经营权确权登记颁证，开展农村土地征收、集体经营性建设用地入市、宅基地制度改革试点，构建起农村土地制度的"四梁八柱"。城乡融合发展的体制机制初步建立，着力打破城乡壁垒、破除二元结构，逐步探索和建立完善农业转移人口市民化、激励和吸引城乡各类人才参与乡村振兴、引导资源要素向农村流动的城乡资源均衡配置体制机制，以及城乡基础设施一体化、城乡义务教育发展和乡村医疗卫生、公共文化、公共就业、社会保障等城乡均等的服务机制。

党的十九大以来，党中央围绕实施乡村振兴战略，部署了一大批力度更大、要求更高、举措更实的农村改革任务。比如，落实第二轮土地承包到期后再延长30年的政策，探索宅基地"三权分置"等。发展农村社会事业，必须紧紧把握新时代深化农村改革的主线，站在更高起点谋划和推进农村社会领域改革，引导地方理顺管理体系，破解制约发展的体制机制性障碍，开创农村社会事业发展新局面。

三、农村社会事业发展现状及特征

近些年来，党中央和国务院高度重视农村社会事业发展，加快推进城乡基本公共服务均等化，更好保障和改善民生，满足农民群众多层次、多样化需求。尽管农村社会事业取得了明显进展，但总体上看社会事业城乡均衡发展水平还比较低，在教育、医疗及社会保障方面指标仍比较滞后，较好实现农民群众学有所教、老有所养、病有所医、困有所济仍需加倍努力。

（一）农村教育经费水平有所提升，但学前教育仍是短板

经过近些年持续加大投入，农村中小学生均一般公共预算教育经费保持稳步增长态势。2018年，农村小学和初中生均一般公共预算教育经费分别为10 548.62元、14 634.76元，生均一般公共预算教育事业费分别为10 102.94元、13 912.37元。在公用经费支出方面，2018年农村小学生均一般公共预算公用经费支出为2 545.54元，比2017年的2 495.84元增长1.99%；农村初中为

3 460.77 元，比 2017 年的 3 406.72 元增长 1.59%①。与此同时，随着农村教师补充渠道日趋多元，自 2006 年"农村义务教育阶段教师特岗计划"实施以来，农村教师学历持续提升，师资结构不断优化。从 2007 年到 2017 年，农村小学教师的总量规模及结构发生了明显变化。一方面，农村小学专任教师总规模持续下降，从 2002 年的 364.6 万名下降到 2017 年的 191.7 万名，减少了 47.4%；另一方面，本科及以上学历的农村小学专任教师数量逐渐增加，在此双重作用下本科以上学历农村小学专任教师比例从 2007 年的 8.87% 提高到 2017 年的 41.51%，升幅十分明显（表 2-5）。

表 2-5　农村小学本科以上学历专任教师比例

年份	农村小学专任教师总数（名）	农村小学本科及以上专任教师数（名）	农村小学本科以上学历专任教师比例（%）
2002	3 645 691	51 340	1.41
2005	3 520 603	169 290	4.81
2010	2 443 384	433 430	17.74
2015	2 035 974	674 650	33.14
2017	1 917 418	815 092	42.51

当前，我国农村地区、少数民族地区、集中连片特困地区学前教育资源不足，发展明显滞后。与幼儿园数量增加相对应的是，近些年农村幼儿入园（班）人数在下降。2001—2010 年间，农村幼儿园入园（班）人数经历先跌又回升的过程。2010 年农村幼儿园入园（班）人数达到峰值 826 万，之后出现断崖式下降，到 2017 年只有 544 万。目前，全国还有 4 000 个左右的乡镇没有公办中心

① 数据来源：教育部、国家统计局、财政部发布《关于 2018 年全国教育经费执行情况统计公告》，2019 年 10 月 10 日。

幼儿园，个别地方的学前三年毛入园率还在 50％以下①。

（二）农村医疗卫生事业水平有所提升，但乡村卫生室在减少

随着留守人口老龄化程度加深，农村居民就医需求日益旺盛。党的十八大以来，我国农村医疗机构网点更加健全，服务能力有效提升，农民就医条件明显改善。根据国家统计局数据显示，2017年农村地区每千人口卫生技术人员为 4.28 人，农村每千人口乡（镇）卫生院床位数为 2.37 张，农村每千人拥有执业（助理）医师数为 1.7 人。截至 2016 年末，全国 99.9％的乡镇有医疗卫生机构，98.4％的乡镇有执业（助理）医师。这些指标与农村自身相比有进步，但与城市相比还有一定差距（图 2-4）。

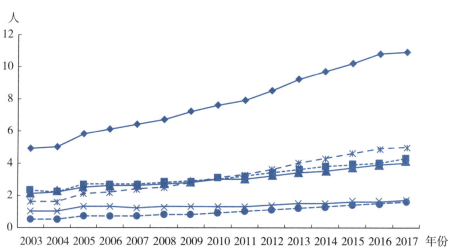

图 2-4　城乡每千人拥有医疗卫生从业人员对比

---

① 参见：教育部部长陈宝生在十三届全国人大常委会第十二次会议所作《国务院关于学前教育事业改革和发展情况的报告》，2019 年 8 月 22 日。

另据统计，人数越来越少的农村医务人员正承担很大比重的医疗重任。每千农村人口乡村医生和卫生员数经过长期缓慢增长近年来反而略有下降，2018 年为 1.61 人。同时，2018 年全国共有村卫生室 62.2 万个，比 2017 年减少 1.6％。2017 年设卫生室的村数占行政村数的比例为 92.8％，低于 2011 年峰值 0.6 个百分点。同时，全国仅有 66.8％的乡镇有社会福利收养性单位，56.4％的乡镇有本级政府创办的敬老院，54.9％的村有执业（助理）医师。乡村卫生室关闭，乡村医生和卫生员加速流失，将进一步加重农村留守人口的看病难问题（图 2-5）。

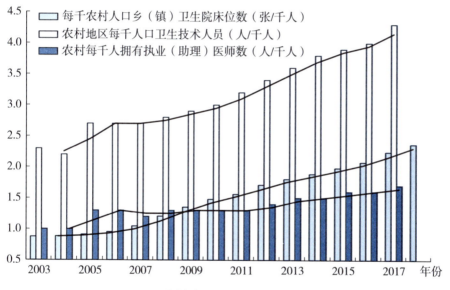

图 2-5　农村地区医疗卫生服务基本情况

（三）农村社会保障水平持续提高，低保兜底作用巨大

经过多年努力，我国农村社会保险制度基本建立，新农合、合作医疗、养老保险制度实现全覆盖。根据党中央、国务院的部署，2009 年我国开展新型农村社会养老保险制度试点，2011 年开展城镇居民社会养老保险制度试点，2014 年将两项制度合并实施，建

立统一的城乡居民基本养老保险制度。与此同时，城乡居民基本养老保险待遇确定和基础养老金正常调整机制初步建立，城乡居民基本养老保险基础养老金最低标准逐步提高。自 2018 年 1 月 1 日起，全国城乡居民基本养老保险基础养老金最低标准提高至每人每月88 元，即在原每人每月 70 元的基础上增加 18 元。提高标准所需资金，中央财政对中西部地区给予全额补助、对东部地区给予50％的补助。截至 2018 年底，城乡居民基本养老保险参保人数52 392 万人，比上年末增加 2.2％。其中，实际领取待遇人数15 898 万人，比上年增加 1.9％，有 4 900 多万贫困人员直接受益①。2016 年，国家启动建立统一的城乡居民医疗保险制度改革，全面整合城镇居民基本医疗保险制度和新型农村合作医疗两项制度。农村社会保障体系在改善城乡居民生活、调节城乡收入分配、促进城乡经济社会发展、巩固党的基层执政基础等方面发挥了积极作用。

最低生活保障制度是一项重要的兜底保障政策。根据相关规定，我国最低生活保障实行"按户施保、补差发放"。统计数据显示，农村最低生活保障人数从 2006 年的 1 593 万人增加到 2013 年的 5 388 万人，但从 2013 年开始下降。截至 2018 年，农村尚有3 519 万低保人口，六年间减少了 1 869 万人。与人数下降相比较，农村最低生活保障年度支出逐年增加，这说明人均保障水平显著提高。党的十八大以来，全国农村低保平均标准从 2012 年的 2 068元提高到 2018 年的 4 833 元。从实际支出看，近年农村最低生活保障年度总支出上升到 1 000 亿元以上，十年间增长了 8.6 倍。2017 年全国农村人均低保支出超过 2 600 元，人均补助水平是十年前的 8.5 倍（图 2-6）。

---

① 人社部：截至 2018 年城乡居民养老保险参保 5.2 亿人，2019 年 2 月 27 日，中国新闻网。

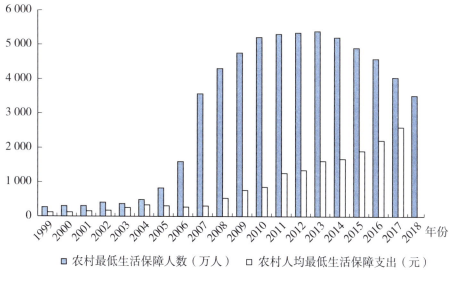

图 2-6　农村低保人口规模与人均保障支出

（四）农村文化事业稳定发展，但建设步伐仍然缓慢

农村文化事业作为向农民提供教育、知识、审美熏陶和休闲娱乐的重要载体，对解决"三农"问题、推进乡村振兴战略具有不可估量的社会功能。中央多次提出，要努力保障人民群众基本文化权益，建立现代公共文化服务体系。近些年，各级政府持续推动公共文化资源向农村倾斜，深入实施美术馆、公共图书馆、文化馆以及乡镇综合文化站"三馆一站"免费开放文化惠民工程，向农村群众提供文艺演出、广播电视、电影放映、教育培训等方面的文化服务。据统计，2010 年县及县以下单位文化事业费支出额为 116.41 亿元，2018 年为 503.37 元，增长了 4 倍多，占全国文化事业费的比重从36%提高到54.2%。2018 年，农村居民人均教育、文化和娱乐消费支出 1 302 元，比 2013 年增长 72.5%，年均增长 11.5%，比同期农村居民消费支出年均增速高 1.4 个百分点，占农村居民人均消费支出的 10.7%。与此同时，城乡居民人均教育、文化和娱乐消费支

出比也由 2013 年的 2.6∶1 降低到 2018 年的 2.3∶1（表 2-6）。

表 2-6　城乡居民人均教育、文化和娱乐消费支出情况

单位：元

年份	农村居民人均教育、文化和娱乐消费支出	城镇居民人均教育、文化和娱乐消费支出	农村居民人均消费支出
2013	755	1 988	7 485
2014	860	2 142	8 383
2015	969	2 383	9 223
2016	1 070	2 638	10 130
2017	1 171	2 847	10 955
2018	1 302	2 974	12 124

然而，与经济发展成就相比，农村文体建设方面的不足也显得十分突出。在文化方面，传统历史文化挖掘、传承重视不够，文化人才的保护和培育滞后，文化交流、文化传习等活动组织较少，农家书屋中图书资料更新率和利用率较低。特别是乡镇文化站机构数自 20 世纪 90 年代中期以来逐渐下降，减少了 5 000 多个。2010 年以后逐步稳定在 3.4 万个左右。在体育方面，全国仅有 16.6% 的乡镇有体育场馆，群众性体育组织不健全，开展日常锻炼和群体活动的条件十分缺乏（表 2-7）。

表 2-7　乡镇文化站数

年份	乡镇文化站数（个）
1996	39 091
2000	39 348
2005	34 593
2010	34 121
2017	33 997
2018	33 858

（五）农村交通建设水平明显提升，但村内道路硬化率差异较大

农村道路在我国乡村基础设施建设中一直占据重要地位。党的十八大以来，按照中央全面建成小康社会的战略部署，开启了全国"四好农村路"建设新征程。5 年累计安排中央车购税资金 3 670 亿元，带动全国农村公路建设总投资达 1.6 万亿元。5 年新改建农村公路 127.5 万公里，新增农村公路通车里程 55 万公里，新增 620 个乡镇和 7.4 万个建制村通硬化路，农村交通运输条件有了新的历史性变化。截至 2018 年底，全国农村公路总里程 404 万公里，农村公路硬化路率达到 81.3%，99.47% 的建制村通硬化路，基本实现硬化公路村村通，农村公路保养率达到 97.5%，其中优、良、中等路率达到 80.7%，乡镇、建制村通客车率分别达到 99.1% 和 95.9%，初步形成以县城为中心、乡镇为节点、建制村为网点的农村公路交通运输网络[①]。另据统计，截至 2017 年底，村内道路总里程 285 万公里，硬化率提升至 41.7%。与农村公路的硬化率相比，村内道路硬化率水平仍较低，发展差距仍然较大。

值得注意的是，随着脱贫攻坚的步伐加快，近年来西部地区整体村内道路硬化率提升较快，已经超过中部地区，实现了"弯道超车"。如图 2-7 所示，从 2013 年到 2017 年，东部、中部、西部地区村内道路硬化率分别增长了 6%、7%、18%。其中，陕西村内道路硬化率达 64%，居全国第一，四川、内蒙古、宁夏、山西、黑龙江、贵州等省份近 5 年来村内道路硬化率提升幅度居全国前列（图 2-7）。

---

① 数据来源：权威解读——关于推动"四好农村路"高质量发展的指导意见，2019 年 8 月 1 日，交通运输部网站。

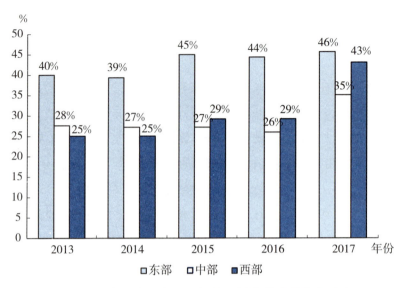

图 2-7 我国东、中、西部地区村内道路硬化率对比

（六）农村互联网用户快速增长，但贫困地区宽带网络短板仍很突出

农村互联网近年来蓬勃发展，使乡村重新焕发出生命力。我国农村固定电话用户在 2007 年达到峰值。农村有线电视普及率在 2013 年达到峰值，目前下降到 31.7%，这可能与互联网在农村的迅速发展有关。据统计，农村互联网普及率持续提高，从 2012 年的 24.2% 增加到 2018 年的 38.4%。2018 年底全国农村宽带用户总数达 1.17 亿户，比上年末增长 25.2%，增速比城市宽带用户高 11.4 个百分点。与此同时，农村移动互联网用户也发展迅速。2015 年农村地区互联网普及率达到 31.6%，农村网民中使用手机上网的用户达到 1.70 亿，增幅为 16.3%；手机网民占农村总体网民的 87.1%。同时，手机上网比例已经远远超过台式机和笔记本电脑，成为农村网民的首选上网设备。

网络基础设施改善为互联网在农村发展提供了基础支撑。截至

2017 年，我国行政村通光纤和 4G 的比例均超过 98%。但同时也发现，当前农村部分地区网络发展水平还有一定差距，特别是一些贫困地区存在突出短板。据人民日报 2018 年的一项初步统计，目前全国仍有约 2.6 万个行政村未通光纤，约 3 万个行政村未通 4G，而既无光纤又无 4G 网络的贫困村约 1 万个。这些村主要集中在深度贫困地区和边远地区，多数地区自然环境复杂、人口居住分散，建设和运营成本高企。在网络应用方面，农村地区宽带网络建多用少的情况比较突出。宽带应用除提供上网功能外，主要为面向普通个人用户的 IPTV 业务，互联网助力乡村振兴的作用亟待进一步挖掘（表 2-8）。

表 2-8 农村互联网普及率

年份	农村互联网普及率（%）
2012	24.2
2013	28.1
2014	28.8
2015	31.6
2016	33.1
2017	35.4
2018	38.4

（七）农村人居环境逐渐改善，但总体水平仍然偏低

改善农村人居环境，是实施乡村振兴战略的一项重要任务。农村厕所革命、生活垃圾污水治理、饮用水和燃气是乡村人居环境改善的重要内容，也是乡村居民生活质量提升的时代要求。数据显示，农村人居环境有了较大程度的改善。据初步统计，2018 年全国完成农村改厕 1 000 多万户，农村改厕率超过一半，其中六成

以上改成了无害化卫生厕所，受到了农民群众的普遍欢迎。2016年只有65%的行政村对生活垃圾进行处理，20%的行政村对生活污水进行了处理。到2018年，对生活垃圾进行处理的行政村比例提高到80%以上，有11个省区市通过农村生活垃圾治理整省验收。

到2017年，农村累计已改水受益人口8.6亿。农村自来水普及率从2010年的71%增加到2018年的81%，平均每年增加一个百分点。但整体上看，仍有10%和1%左右的人口饮水靠手压机井和水窖雨水收集，即全国农村尚有1亿人口饮水靠手压机井，1 433万人靠雨水收集，取水水窖200万个。农村燃气普及率自2013年以来上升了7个百分点，2017年达到27%。华北、东北等许多农村地区不得不继续采用传统燃煤等方式取暖做饭，带来大气污染等问题。得益于西气东输工程，江苏、海南、上海、福建、广东、浙江等省份燃气普及率较高。分地区来看，东部地区农村燃气普及率平均达到50%，中部地区为16%，西部地区10%，地区间差距相当悬殊（图2-8）。

图2-8　农村主要人居环境指标

四、我国农村社会事业发展的重要启示

面对实施乡村振兴战略的重大历史任务，需要系统总结我国农村社会事业发展基本经验，谱写农村全面建成小康社会和实现农业农村现代化的历史新篇章。

（一）必须坚持党对农村工作的领导，确保农村公益事业正确发展方向

党管农村工作是我们党在长期的革命与建设中形成的优良传统。要办好农村的事，关键在党。在各个历史时期，我们党始终坚持和加强对农村工作的领导，始终把解决好"三农"问题作为全党工作重中之重，领导亿万农民开展社会主义精神文明建设、社会建设、生态文明建设，不断健全党领导农村工作的组织体系、制度体系和工作机制。实施乡村振兴战略，创新农村社会事业的发展模式，必须坚持党总揽全局、协调各方的领导核心作用。当前不少农村地区，通过党建引领社会治理创新，激发农村公共服务新活力，探索出"村党支部＋协会""村党支部＋合作社""村党支部＋社会组织"等多种形式。既带动了农民增收致富，发展了农村社会事业，也切实增强了基层党组织的吸引力和凝聚力。进入新时代，要继续加强党对农村工作的全面领导，提高党把方向、谋大局、定政策、促改革的能力和定力，确保农村社会事业始终保持正确发展方向，使农村社会事业发展迸发更大活力，提升广大农民的参与度和获得感。

（二）必须坚持保障农民基本权益，加快推进以改善民生为重点的社会建设

农民群众对切身利益的追求、对美好生活的向往，推动着社会

历史的发展和进步。我国始终把实现好、维护好、发展好广大农民根本利益作为农村一切工作的出发点和落脚点，坚持以人为本，尊重农民意愿和基层首创精神，着力解决农民最关心最直接最现实的利益问题，以农民的全面发展促进农村经济社会问题有效解决。只有坚持以农民为中心，切实保障农民基本权益，才能充分调动广大农民的积极性、主动性和创造性，紧紧依靠农民的智慧和力量推动农村社会事业发展。加快推进以改善民生为重点的社会建设，既是中国特色社会主义的崇高价值追求，也是维护好广大农民根本利益的重要保障。保障和改善民生，必须推进城乡基本公共服务均等化，完善城乡居民基本养老保险制度和基本医疗保险、大病保险制度，完善最低生活保障制度，健全矛盾纠纷多元化解机制，健全乡村便民服务体系，促进社会公平正义。

（三）必须坚持解放和发展农村生产力，探索市场化农村公共服务供给方式

生产力是社会发展的最终决定力量。坚持解放和发展生产力既是社会主义的本质要求，也是中国特色社会主义政治经济学的核心要义。党的十八大以来，我国按照"扩面、提速、集成"的要求，从深度和广度上全面推进农村改革，培育农业农村发展新动能，充分发挥市场在资源配置中的决定性作用，健全符合社会主义市场经济要求的农村经济体制，带来了农村经济和社会发展的历史性变化。实施乡村振兴战略，依然需要坚持解放和发展农村生产力这一核心手段，引入市场竞争机制，不断释放农村经济社会发展的体制动力和内生活力，促进农村公共服务多元化供给。具体来说，在教育、卫生、体育等公共服务领域，除义务教育、基础科研、社会保障等必须由政府提供的最基本公共服务外，应以市场机制为杠杆，通过多种方式调动私营部门、非营利部门等组织机构参与，在竞争中扩大对农村公共服务的供给，提高我国农村公共服务市场化水平。

（四）必须坚持统筹城乡发展，政府逐渐承担村级公益事业发展的主体责任

城镇和乡村是互促互进、共生共存的。在现代化进程中，如何处理好工农关系、城乡关系，在一定程度上决定着现代化的成败。坚持统筹城乡经济社会发展，推进城乡发展一体化，是工业化、城镇化、农业现代化发展到一定阶段的必然要求，是国家现代化的重要标志。党的十八大以来，我国把着力构建新型工农、城乡关系作为加快推进现代化的重大战略，推动城乡规划、基础设施、基本公共服务等一体化发展，农村社会事业得到明显改善。实现乡村全面振兴，需要继续统筹城乡发展，建立健全城乡融合发展体制机制和政策体系，推动公共服务向农村延伸、社会事业向农村覆盖，健全全民覆盖、普惠共享、城乡一体的基本公共服务体系，推进城乡基本公共服务标准统一、制度并轨。中央财政基础设施建设重点要向农村倾斜，不断完善财政投入稳定增长机制，将农村社会事业和村内基础设施维护费用支出列入各级财政预算，把农业农村作为固定资产投资的重点领域。同时，政府应承担村级公益事业发展的主体责任，不断加大财政奖补力度，增加资金规模，扩大建设范围，最终实现农村公益事业建设和管护财政全覆盖。

（五）必须健全乡村治理体系，建立农村社会事业发展长效机制

乡村治理是国家治理的基层基础，是综合治理、源头治理的重要组成部分。现代乡村治理既是党在农村的执政根基、国家治理的基础支撑，也是乡村振兴的重要内容、国家现代化的根本体现。推进乡村治理体系和治理能力现代化，需要做到治理目标精准化、治理主体多元化、治理方式多样化、公共服务均等化、权利保障法治化。健全乡村治理体系，要以提升组织力为重点，强化农村基层组

织建设，发挥基层组织在农村社会事业建设中的带头引导作用。要以厘清权责利关系为基础，建立公共事务准入制度，整合优化公共服务和行政审批职责，打造一站式公共服务平台。要加大农民培训力度，提升村民民主意识和民主管理能力，引导农民群众适应新形势，熟悉相关政策，转变思想观念、提高民主意识，完善农村社会事业和公共基础设施建设群众监督机制。要建立完善农村基础设施管护机制，明确管护责任，落实公共基础设施管护经费，应由政府承担的纳入政府预算，切实解决农村公益设施建设与管护的难题。

五、农村社会事业发展的国际经验

农村衰落是一个全球性问题。从美国、瑞典到撒哈拉以南非洲，城乡差距都在扩大。特别是一些发展中国家的道路交通、饮用水、照明电等尚未普及，农村社会保障、科学教育、文化卫生等水平很低，环境污染问题严重。这些问题相互叠加，进一步加剧村庄凋敝、田地荒芜、文化没落等现象。为了缓解农村危机，各国逐渐重视振兴乡村，推出一系列加快农村发展的政策举措。美国、英国等国家的政府都采用规划、投资和补贴等方式来鼓励农村发展。马来西亚、菲律宾和泰国大力扶持农村贫穷地区的公共卫生和教育事业，提高了农村人口预期寿命和婴儿存活率。总体上看，全球农业农村资源呈现出数量和质量上的不均等性，再加上各地历史进程、风俗习惯、文化条件与地理位置各不相同，世界主要国家农村社会事业发展呈现出相应的层次差异，具有不同的发展特点。但多数国家都根据自身农村特点，发挥本国独特优势，形成不同的农村社会事业发展道路。

（一）强化规划管制的美国"小城镇建设"

20 世纪初，美国城市人口不断增加，城市过度拥挤，导致许

多中产阶级向城市郊区迁移，推动了小城镇的发展。美国小城镇建设很好地带动了乡村发展，推动了城乡一体化加快形成。小城镇建设目标强调以人为本，建设方式依托当地优势，充分挖掘本地资源，突出特色化发展。从空间位置看，美国小城镇基本分为都市边缘区小城镇、郊区小城镇、乡村地带小城镇。美国先有城镇，后出现规划，但规划管制对于小城镇发展具有重要推动作用。规划首先考虑居民的需求，规划内容包括城镇公共服务和公共环境打造。美国的小城镇街道干净畅通、整齐划一，各项配套设施完善，充分体现了建设规划的高水平。在小城镇的交通、通讯、电力、排污等公共设施建设上，美国政府考虑得非常长远，大多数按照使用50～100年限设计，避免重复建设。在具体事务管理方面，政府工作人员对城镇微观经济运行从不干预，主要工作是加强社会治理、优化居住环境和提供社会公共服务。美国这种注重规划管制，确保基础设施优先发展的"小城镇建设"思路，对于我国当前推进的乡村建设具有重要借鉴意义。

（二）强调社会公正的英国农村战略

为缓解农村社会事业发展不足、农民收入不稳定以及乡村基础设施匮乏等问题的困扰，英国政府曾"自上而下"提出刺激乡村发展的方案，然而这些乡村发展战略被指责未能反映地方需求，不利于地方社区的发展。为此，英国的农村发展战略的制订转向自下而上，农村社会事业发展注重地方的需求，倾听居民的呼声，强调公平公正。英国农村战略的一个核心思想是，"社会的所有阶层和人群享有获取优质公共服务的权利。保障在所有农村社区能够从改善和更新公共服务的政府项目中获益，并保障这些服务能够根据农村地区情况改进后灵活实施。"比如，英国在2004年发布的农村战略中再次强调了建设健康文明社会的重要性，国家承诺支持各类志愿公益活动，并与社区及地方政府一道致力于建设交通、卫生、通信

117

等公用基础设施。这些战略和政策的最终目的就是通过在农村地区支持当地的志愿活动和服务机构、公用基础设施建设、社区活动来让每个人都可以在社会中积极发挥作用并具有归属感。英国的案例表明，农村社会事业发展离不开政府支持，但更要注重发挥志愿组织、服务机构等民间力量的积极作用，突出社会公正在乡村公共事务中的道德规制作用，发挥乡村居民"乡村主人"的自发性和能动性，真正实现乡村地区繁荣稳定。

（三）注重乡土人才培育的日本"造村运动"

为了振兴农村，实现城乡一体化目标，日本大分县原知事平松守彦率先在全国发起了以立足乡土、自立自主、面向未来的"造村运动"。到 20 世纪 80 年代，"造村运动"的范围扩大到城镇，逐渐成为一项全民共同参与的运动。农村居民是"造村运动"的行动主体，政府不以行政命令干涉，不指定生产品种，不统一发放资金，而是在政策与技术方面给予支持。日本"造村运动"中注重各类人才的培养，在市町村一级开办适合各类人群学习的农业培训班，建立符合农民需求的补习中心，培育"一村一品"带头人，通过带头人调动农民建设美好乡村的积极性。在培训内容上，重点讲授与乡村生产生活息息相关的知识，主要包括乡村历史、乡村价值、乡村精神和乡村开发等，提高农民的综合素质。在"造村运动"推进过程中，对于乡村建设中的公共事务，如道路修建和扩建、村庄绿化美化、环卫设施完善等议题，均通过民主表决，寻求村民意愿的最大公约数，一切行动由各社区、村镇自己掌握。这些做法使各基层单位和广大农民放弃了依赖思想，主要依靠自我奋斗建设美丽家园。同时，日本在"造村运动"期间开办了多种乡村文化活动，代表性的有"万谣会"，通过全体村民共同创作本村歌谣，提高乡村凝聚力，增强乡村自我认同感。日本经验表明，解决农村发展问题，最行之有效的就是人才。要培养专业的乡土人才，搭建平台、创造条件，让他们到田间地头去，做政策实施的一线落实者，带动广大村民创新、奋斗，才能真正实现乡村振兴。

（四）以人居环境整治为发端的韩国"新村运动"

20世纪70年代初，由于长期采取"工业优先"的发展战略，大量农村人口涌入城市，导致韩国农村出现空心化、资源枯竭、经济萎靡等现象。在此背景下，韩国政府开展了一场以"勤勉、自助、协同"为中心理念的新村运动，探索出一种以低成本推动农村跨越式发展的典型模式。韩国"新村运动"体现了政府与农民协同建设，具有全面性与渐进性等特点。新村运动内容涵盖范围较为广泛，包括基础设施投入、福利增加、环境改善、精神启发等内容。从空间上看，主要集中在农业和农村环境整治等领域；从时间上看，新村运动初期侧重于改善农民基本生活条件和居住环境，后期则集中在基础设施建设和农村社区增收等方面。工作内容也由单纯的管理改革扩展到政治、经济、社会和文化等方面，成为一场席卷全韩的全方位社会改革运动。在农村人居环境整治过程中，政府逐步加大财政投入，在乡村积极修建农村道路、地下水管道、河道桥梁等公共基础设施，优化农民生产生活环境。仅1971—1975年，韩国乡村共新设65 000座桥梁。每个村都修筑了宽3.5米、长2～4公里的乡村公路。同时，韩国政府还致力于改善农民传统的饮用水井和排污水道，保持环境卫生，修葺农家的旧围墙，支援农民住房建设，有力推动了乡村建设进程。新村运动中，政府投入了大量的财力和物资，如何保证这些财物有效地应用到农村建设中去是政府考虑得较多的问题，他们解决的方法也很简单，采取"一竿子到底"，所有的财物以村为单位申报领用，政府各部门不参与工程建设。韩国"新村运动"的有益启示在于，要先从村庄改造、乡村道路等小型工程入手，建设村容整洁，生活便利的新农村，树立农民建设家乡的信心，进而推动农村自治管理。

（五）城乡等值化发展理念下的德国"乡村更新"

德国乡村在经历工业文明冲击后，出现人才流失、环境污染、发展停滞等问题，引发政府和社会各界的广泛关注。20世纪30年代以来，德国开展了一场由政府主导和村民参与相结合的"乡村更新运动"。该运动主要采取循序渐进型发展模式，将农村社会事业发展作为一项长期任务。运动开展初期主要是以修建乡村基础设施为主，强调"城乡等值化"理念，重视乡村的经济社会发展。1953年德国又颁布了《土地整理法》，强调乡村建设和农村公共基础设施完善作为村庄更新的重要任务。20世纪60年代开始，运动重点在于发掘传统乡村的文化，注重自然景观与人文景观的融合发展，凝聚乡村精神文化，号召村民自发保护乡村。20世纪80年代以后，德国开始关注乡村的可持续发展，重点在于物质基础、文化传统、生态环境等领域的发展，实现经济、社会、生态三者的利益共融。在村庄可持续发展阶段中，政府公共部门仅提供宏观层面的规划和指导，建设费用多由私人部门支付。经过近一百年来的发展，德国乡村更新运动已取得明显效果，目前，德国城乡差距日益缩减，乡村因其环境宜居等优势正吸引大批年轻人回归。德国"乡村更新"的借鉴意义在于，将农村社会事业置于农村发展的大框架下统筹考虑，并与时俱进调整农村社会事业的战略重点，实施系统性乡村更新计划，为农村发展提供了范本。

六、促进农村社会事业发展的思考及建议

立足国内农村发展现状及农村社会事业特征问题，借鉴国际经验，围绕决胜全面建成小康社会和开始现代化建设新征程，需要加快构建农业农村优先发展的体制机制和政策体系，多措并举、持续

发力，全面加强农业农村基础设施建设，持续改善和强化农村公共服务，不断提升农民群众的获得感幸福感。

（一）在把握村庄及农村人口演化趋势的基础上，分类推进乡村发展，并使之与农村改革进程相衔接

根据村庄发展规律和演变趋势，明确不同村庄的发展定位，分类推进乡村振兴。特别是农村人居环境整治、农村基础设施和公共服务设施等村庄建设类任务，要在科学分析村庄发展走势的基础上，统筹谋划、通盘考虑，合理安排建设重点及优先序。要先导性编制村庄空间布局规划，科学编制村庄规划，切实做到不规划不建设、不规划不投入，防止重复建设和资源浪费。要确保乡村变迁与农村改革相衔接。比如，全国农村集体资产绝大多数归村组两级所有，其中不少地方又以村民小组一级为主。因此，在村庄撤并之前，要先行完成农村集体产权制度改革，确定集体资产边界和成员边界，建立相应的集体经济组织，以防止集体资产流失或被平调。

（二）更好地发挥基础设施在乡村振兴中的先导和支撑作用

实现乡村振兴，基础设施要先行。党的十九大确定了 2050 年建成社会主义现代化强国的战略安排。农村地区基础设施是"三农"战略性、基础性工作中的"基础"。加快补上基础设施短板，既有利于农业农村优先发展，也有利于扩大内需，为全国经济平稳运行增添动力，是一举多得、迟早要干的事情。一是补上人居环境短板。当务之急，需要聚焦"改厕"硬任务，集中力量解决农村垃圾、污水等突出问题，做到村庄干净整洁有序。同时，适时将点状整治转向面上扩展，把人居环境整治与美丽乡村建设、迁村并点等结合起来，实现人居环境整体提升。二是补上电信基础设施短板。

按照"中央资金引导、地方协调支持、企业为主推进"的思路，分期分批加快推动宽带网络覆盖至全部行政村的村部、学校、卫生室等主要公共机构，力争延伸至大多数 20 户以上聚居的自然村。建议增加农村地区电信基础设施投入，落实电信企业的建设责任，加大财政支持力度，完善考核体系，引导电信企业积极承担农村地区宽带网络建设任务。强化宽带网络基础设施与自然资源、交通、电力等规划的统筹衔接，实现同步规划、同步建设。进一步做好全国农民手机应用技能培训工作，鼓励互联网企业开发涵盖电商、农技、医疗、教育等行业应用 APP，使广大农民会使用、用得起、能受益，让网络在扶贫中发挥更大作用。三是补上交通设施短板。中央财政基础设施建设重点向农村倾斜，不断完善财政投入稳定增长机制，将村内道路、农村公交等建设和维护费用列入各级财政预算，鼓励社会资本等多元化主体投入。利用"十四五"规划编制时机，把更多对农村地区发展具有重大带动效应的交通项目纳入规划。

（三）着力保障和改善民生，确保农村教育、医疗卫生、养老等公共服务优先发展

迈向全面小康社会的关键在于民生大计。当前我国农村教育、医疗卫生资源质量不高，农民看病、养老还有不少难处。这些都是农民最关心最直接最现实的切身利益问题，必须采取更加有力的措施确保优先发展。一是在抓"还欠账"硬件设施的同时，更多地在"软件"建设上下工夫。办好农村地区乡村小规模学校，推动各地完善县乡村三级农村学前教育服务网络，着力补上农村学前教育短板。中央和地方财政安排的支持学前教育发展专项资金，重点向农村和贫困地区倾斜，加大对农村学前教育的扶持力度。加大对乡镇寄宿制学校运转的保障力度。二是从实际出发稳妥"消化"代课教师与赤脚医生。新中国成立 70 年来，广大农村缺

医少药、教育资源贫乏。代课教师、赤脚医生等在农村教育医疗服务中发挥着重要作用。现阶段,要正视其存在,更要尊重其历史贡献。在农村公共服务完善之前,要稳步提高待遇水平,继续让其发挥积极作用。同时,抓紧研究完善过渡期间相关政策,采取吸纳、培训与转化等多种方式,逐步稳妥"消化"代课教师与赤脚医生。三是在提高农村地区基本医疗卫生服务可及性的基础上,多措并举解决农村人口看病难的问题。精准提升农村地区医疗服务水平特别是治疗大病的能力,优先推进农村地区远程医疗服务,率先在农村偏远地区、欠发达地区开展远程医疗工程建设,积极推进农村地区医联体或医共体建设,把乡镇卫生院和村卫生室人、财、物交由县医院统筹管理,将乡镇卫生院人事薪酬关系上挂到县,突出做好农村地区健康教育和环境卫生综合治理工作。四是积极应对人口老龄化,完善我国农村养老服务体系。推动农村特困人员供养服务机构服务设施和服务质量达标,并积极为低收入、高龄、独居、失能农村老年人提供养老服务,鼓励地方加大财政投入,逐步提高养老服务设施的建设补贴、运营补贴水平,推广乡村老年日间照料中心,发挥合作社等互助性组织在农村养老中的积极作用。

(四)在做到应保尽保的基础上,进一步完善农村最低生活保障制度,做到低保制度与扶贫政策相衔接

当前在保障对象认定过程中,还存在多种不确定因素导致"漏保"问题;在低保金实际发放过程中,部分存在保障不到位的情况。建议进一步优化制度设计,科学核算农村居民家庭收入,既不能算重账、又不能算空账,逐步将分档补助向补差发放转变。农业农村、住建、工商、公安、扶贫、民政等部门信息要互联互通,做到资源共享,降低保障对象认定风险和不确定性。残疾人是需要格外关心、格外关注的特殊困难群体。建议在坚持普惠基础上实施特

惠补助，进一步完善农村地区残疾人"两项补贴"制度①，提高农村残疾人生活质量。要注意低保制度与扶贫政策相衔接，科学确定低保覆盖面，不能人为硬性限制比率。要合理制定农村低保标准，既要保证农村低保标准动态、稳定高于国家扶贫标准，也要充分考虑地方财力和发展水平，避免低保标准定得过高、增长过快，出现养"懒汉"现象。

（五）加快推进农村社会事业领域改革，采取适当方式把改革推进情况纳入监测范围

当前，我国农村社会事业领域的改革仍然相对滞后，制约了农村社会事业发展。比较突出的问题是，政府责任不到位和包揽过多同时并存，发挥市场机制、社会资本和民间组织的作用不够，调动各方面积极性的体制机制不健全。加快发展农村社会事业，必须大力推进社会事业领域的改革。一是把维护农村社会事业的公益性、保障农民群众基本公共服务需求作为政府的主要职责。加快建立健全有利于城乡基本公共服务普惠共享的体制机制，推进城乡基本公共服务均等化。针对农村社会事业特别是涉及基本民生方面，包括就业、社保、教育、文化、医药卫生等，要加快建立健全保障人民基本需求的制度。二是把应该由社会和市场发挥作用的真正交给社会和市场。农村社会事业应当区分"基本"和"非基本"。"非基本"的社会事业交给社会和市场，通过发展相关产业，满足多层次、个性化的需求。在这方面，政府要进一步放宽准入，履行监管责任。三是把动员和利用社会资源来加强和改善农村社会事业作为改革目标。应该更多地利用社会资源，建立政府购买服务的机制，提高农村基本公共服务供给效率。要鼓励社会资本投资建立非营利性公益服务机构，逐步形成有序竞争和多元化参与的局面。

---

① 2015 年，国务院决定全面建立困难残疾人生活补贴和重度残疾人护理补贴制度。

第三篇

党的十八大以来涉及农村社会事业政策文件及要点

一、农村教育政策

（一）党的十九大报告

优先发展教育事业。建设教育强国是中华民族伟大复兴的基础工程，必须把教育事业放在优先位置，深化教育改革，加快教育现代化，办好人民满意的教育。要全面贯彻党的教育方针，落实立德树人根本任务，发展素质教育，推进教育公平，培养德智体美全面发展的社会主义建设者和接班人。推动城乡义务教育一体化发展，高度重视农村义务教育，办好学前教育、特殊教育和网络教育，普及高中阶段教育，努力让每个孩子都能享有公平而有质量的教育。完善职业教育和培训体系，深化产教融合、校企合作。加快一流大学和一流学科建设，实现高等教育内涵式发展。健全学生资助制度，使绝大多数城乡新增劳动力接受高中阶段教育、更多接受高等教育。支持和规范社会力量兴办教育。加强师德师风建设，培养高素质教师队伍，倡导全社会尊师重教。办好继续教育，加快建设学习型社会，大力提高国民素质。

（二）《国务院办公厅关于印发乡村教师支持计划（2015—2020 年）的通知》（国办发〔2015〕43 号）

到 2020 年全面建成小康社会、基本实现教育现代化，薄弱环节和短板在乡村，在中西部老少边穷岛等边远贫困地区。发展乡村教育，帮助乡村孩子学习成才，阻止贫困现象代际传递，是功在当代、利在千秋的大事。发展乡村教育，教师是关键，必须把乡村教师队伍建设摆在优先发展的战略地位。

全面提高乡村教师思想政治素质和师德水平。坚持不懈地用中国特色社会主义理论体系武装乡村教师头脑，进一步建立健全乡村教师政治理论学习制度，增强思想政治工作的针对性和实效性，不断提高教师的理论素养和思想政治素质。切实加强乡村教师队伍党建工作，基层党组织要充分发挥政治核心作用，进一步关心教育乡村教师，适度加大发展党员力度。开展多种形式的师德教育，把教师职业理想、职业道德、法治教育、心理健康教育等融入职前培养、准入、职后培训和管理的全过程。落实教育、宣传、考核、监督与奖惩相结合的师德建设长效机制。

拓展乡村教师补充渠道。鼓励省级人民政府建立统筹规划、统一选拔的乡村教师补充机制，为乡村学校持续输送大批优秀高校毕业生。扩大农村教师特岗计划实施规模，重点支持中西部老少边穷岛等贫困地区补充乡村教师，适时提高特岗教师工资性补助标准。鼓励地方政府和师范院校根据当地乡村教育实际需求加强本土化培养，采取多种方式定向培养"一专多能"的乡村教师。高校毕业生取得教师资格并到乡村学校任教一定期限，按有关规定享受学费补偿和国家助学贷款代偿政策。各地要采取有效措施鼓励城镇退休的特级教师、高级教师到乡村学校支教讲学，中央财政比照边远贫困地区、边疆民族地区和革命老区人才支持计划教师专项计划给予适当支持。

提高乡村教师生活待遇。全面落实集中连片特困地区乡村教师生活补助政策，依据学校艰苦边远程度实行差别化的补助标准，中央财政继续给予综合奖补。各地要依法依规落实乡村教师工资待遇政策，依法为教师缴纳住房公积金和各项社会保险费。在现行制度架构内，做好乡村教师重大疾病救助工作。加快实施边远艰苦地区

乡村学校教师周转宿舍建设。各地要按规定将符合条件的乡村教师住房纳入当地住房保障范围,统筹予以解决。

统一城乡教职工编制标准。乡村中小学教职工编制按照城市标准统一核定,其中村小学、教学点编制按照生师比和班师比相结合的方式核定。县级教育部门在核定的编制总额内,按照班额、生源等情况统筹分配各校教职工编制,并报同级机构编制部门和财政部门备案。通过调剂编制、加强人员配备等方式进一步向人口稀少的教学点、村小学倾斜,重点解决教师全覆盖问题,确保乡村学校开足开齐国家规定课程。严禁在有合格教师来源的情况下"有编不补"、长期使用临聘人员,严禁任何部门和单位以任何理由、任何形式占用或变相占用乡村中小学教职工编制。

职称(职务)评聘向乡村学校倾斜。各地要研究完善乡村教师职称(职务)评聘条件和程序办法,实现县域内城乡学校教师岗位结构比例总体平衡,切实向乡村教师倾斜。乡村教师评聘职称(职务)时不作外语成绩(外语教师除外)、发表论文的刚性要求,坚持育人为本、德育为先,注重师德素养,注重教育教学工作业绩,注重教育教学方法,注重教育教学一线实践经历。城市中小学教师晋升高级教师职称(职务),应有在乡村学校或薄弱学校任教一年以上的经历。

推动城镇优秀教师向乡村学校流动。全面推进义务教育教师队伍"县管校聘"管理体制改革,为组织城市教师到乡村学校任教提供制度保障。各地要采取定期交流、跨校竞聘、学区一体化管理、学校联盟、对口支援、乡镇中心学校教师走教等多种途径和方式,重点引导优秀校长和骨干教师向乡村学校流动。县域内重点推动县城学校教师到乡村学校交流轮岗,乡镇范围内重点推动中心学校教师到村小学、教学点交流轮岗。采取有效措施,保持乡村优秀教师相对稳定。

全面提升乡村教师能力素质。到2020年前,对全体乡村教师校长进行 360 学时的培训。要把乡村教师培训纳入基本公共服务体系，保障经费投入，确保乡村教师培训时间和质量。省级人民政府要统筹规划和支持全员培训，市、县级人民政府要切实履行实施主体责任。整合高等学校、县级教师发展中心和中小学校优质资源，建立乡村教师校长专业发展支持服务体系。将师德教育作为乡村教师培训的首要内容，推动师德教育进教材、进课堂、进头脑，贯穿培训全过程。全面提升乡村教师信息技术应用能力，积极利用远程教学、数字化课程等信息技术手段，破解乡村优质教学资源不足的难题，同时建立支持学校、教师使用相关设备的激励机制并提供必要的保障经费。加强乡村学校音体美等师资紧缺学科教师和民族地区双语教师培训。按照乡村教师的实际需求改进培训方式，采取顶岗置换、网络研修、送教下乡、专家指导、校本研修等多种形式，增强培训的针对性和实效性。从 2015 年起，"国培计划"集中支持中西部地区乡村教师校长培训。鼓励乡村教师在职学习深造，提高学历层次。

建立乡村教师荣誉制度。国家对在乡村学校从教 30 年以上的教师按照有关规定颁发荣誉证书。省（区、市）、县（市、区、旗）要分别对在乡村学校从教 20 年以上、10 年以上的教师给予鼓励。各省级人民政府可按照国家有关规定对在乡村学校长期从教的教师予以表彰。鼓励和引导社会力量建立专项基金，对长期在乡村学校任教的优秀教师给予物质奖励。在评选表彰教育系统先进集体和先进个人等方面要向乡村教师倾斜。广泛宣传乡村教师坚守岗位、默默奉献的崇高精神，在全社会大力营造关心支持乡村教师和乡村教育的浓厚氛围。

（三）《国务院关于进一步完善城乡义务教育经费保障机制的通知》（国发〔2015〕67 号）

统一城乡义务教育"两免一补"政策。对城乡义务教育学生免除学杂费、免费提供教科书，对家庭经济困难寄宿生补助生活费

（统称"两免一补"）。民办学校学生免除学杂费标准按照中央确定的生均公用经费基准定额执行。免费教科书资金，国家规定课程由中央全额承担（含出版发行少数民族文字教材亏损补贴），地方课程由地方承担。家庭经济困难寄宿生生活费补助资金由中央和地方按照5∶5比例分担，贫困面由各省（区、市）重新确认并报财政部、教育部核定。

统一城乡义务教育学校生均公用经费基准定额。中央统一确定全国义务教育学校生均公用经费基准定额。对城乡义务教育学校（含民办学校）按照不低于基准定额的标准补助公用经费，并适当提高寄宿制学校、规模较小学校和北方取暖地区学校补助水平。落实生均公用经费基准定额所需资金由中央和地方按比例分担，西部地区及中部地区比照实施西部大开发政策的县（市、区）为8∶2，中部其他地区为6∶4，东部地区为5∶5。提高寄宿制学校、规模较小学校和北方取暖地区学校公用经费补助水平所需资金，按照生均公用经费基准定额分担比例执行。现有公用经费补助标准高于基准定额的，要确保水平不降低，同时鼓励各地结合实际提高公用经费补助标准。中央适时对基准定额进行调整。

巩固完善农村地区义务教育学校校舍安全保障长效机制。支持农村地区公办义务教育学校维修改造、抗震加固、改扩建校舍及其附属设施。中西部农村地区公办义务教育学校校舍安全保障机制所需资金由中央和地方按照5∶5比例分担；对东部农村地区，中央继续采取"以奖代补"方式，给予适当奖励。城市地区公办义务教育学校校舍安全保障长效机制由地方建立，所需经费由地方承担。

巩固落实城乡义务教育教师工资政策。中央继续对中西部地区及东部部分地区义务教育教师工资经费给予支持，省级人民政府加大对本行政区域内财力薄弱地区的转移支付力度。县级人民政府确保县域内义务教育教师工资按时足额发放，教育部门在分配绩效工资时，要加大对艰苦边远贫困地区和薄弱学校的倾斜力度。

统一城乡义务教育经费保障机制，实现"两免一补"和生均公用经费基准定额资金随学生流动可携带。同时，国家继续实施农村义务教育薄弱学校改造计划等相关项目，着力解决农村义务教育发展中存在的突出问题和薄弱环节。

（四）《国务院关于统筹推进县域内城乡义务教育一体化改革发展的若干意见》（国发〔2016〕40号）

努力办好乡村教育。各地要结合国家加快水电路气等基础设施向农村延伸，在交通便利、公共服务成型的农村地区合理布局义务教育学校。同时，办好必要的乡村小规模学校。因撤并学校造成学生就学困难的，当地政府应因地制宜，采取多种方式予以妥善解决。合理制定闲置校园校舍综合利用方案，严格规范权属确认、用途变更、资产处置等程序，并优先用于教育事业。要切实提高教育资源使用效益，避免出现"边建设、边闲置"现象。着力提升乡村教育质量，按照国家课程方案开设国家课程，通过开展城乡对口帮扶和一体化办学、加强校长教师轮岗交流和乡村校长教师培训、利用信息技术共享优质资源、将优质高中招生分配指标向乡村初中倾斜等方式，补齐乡村教育短板。推动城乡教师交流，城镇学校和优质学校教师每学年到乡村学校交流轮岗的比例不低于符合交流条件教师总数的10%，其中骨干教师不低于交流轮岗教师总数的20%。结合乡村教育实际，定向培养能够承担多门学科教学任务的教师，提高教师思想政治素质和师德水平，加强对学生的思想品德教育和爱国主义教育，在音乐和美术（或艺术）、体育与健康等学科中融入优秀传统艺术和体育项目，在学科教学特别是品德、科学教学中突出实践环节，确保综合实践和校外教育活动常态化。开展专题教育、地方课程和学校课程等课程整合试点，进一步增强课程的基础性、适宜性和教学吸引力。

科学推进学校标准化建设。各地要逐县（市、区）逐校建立义务教育学校标准化建设台账，全面摸清情况，完善寄宿制学校、乡村小规模学校办学标准，科学推进城乡义务教育公办学校标准化建设，全面改善贫困地区义务教育薄弱学校基本办学条件。提升乡村学校信息化水平，全面提高乡村教师运用信息技术能力，促进优质教育资源共享。适当提高寄宿制学校、规模较小学校和北方取暖地区学校公用经费补助水平，切实保障正常运转。落实义务教育学校管理标准，提高学校管理标准化水平。重点提高乡镇寄宿制学校管理服务水平，通过政府购买服务等方式为乡镇寄宿制学校提供工勤和教学辅助服务。各地要在县域义务教育基本均衡的基础上，促进义务教育优质均衡发展，探索市（地）域义务教育均衡发展实现路径，鼓励有条件的地区在更大范围开展城乡义务教育一体化改革发展试点，发挥引领示范作用。

统筹城乡师资配置。各地要依据义务教育学校教职工编制标准、学生规模和教育教学需要，按照中央严格控制机构编制有关要求，合理核定义务教育学校教职工编制。建立城乡义务教育学校教职工编制统筹配置机制和跨区域调整机制，实行教职工编制城乡、区域统筹和动态管理，盘活编制存量，提高使用效益。国务院人力资源社会保障部门和教育部门要研究确定县域统一的义务教育学校岗位结构比例，完善职称评聘政策，逐步推动县域内同学段学校岗位结构协调并向乡村适当倾斜，实现职称评审与岗位聘用制度的有效衔接，吸引优秀教师向农村流动。县级教育行政部门在核定的教职工编制总额和岗位总量内，要按照班额、生源等情况，充分考虑乡村小规模学校、寄宿制学校和城镇学校的实际需要，统筹分配各校教职工编制和岗位数量，并向同级机构编制部门、人力资源社会保障部门和财政部门备案。全面推进教师"县管校聘"改革，按照教师职业特点和岗位要求，完善教师招聘机制，统筹调配编内教师资源，着力解决乡村教师结构性缺员和城镇师资不足问题。严禁在有合格教师来源的情况下"有编不补"、长期聘用编外教师，严禁挤占挪用义务教育学校教职工编制和各种形式"吃空饷"。积极鼓励和引导乡村志愿支教活动。

改革乡村教师待遇保障机制。各地要实行乡村教师收入分配倾斜政策，落实并完善集中连片特困地区和边远艰苦地区乡村教师生活补助政策，使乡村教师实际工资收入水平不低于同职级县镇教师工资收入水平。健全长效联动机制，确保县域内义务教育教师平均工资收入水平不低于当地公务员的平均工资收入水平。建立乡村教师荣誉制度，使广大乡村教师有更多的获得感。完善乡村教师职业发展保障机制，合理设置乡村学校中级、高级教师岗位比例。

（五）《国务院办公厅关于进一步加强义务教育控辍保学提高巩固水平的通知》（国办发〔2017〕72 号）

1. 落实扶贫控辍，避免因贫失学辍学

精准确定教育扶贫对象。各地要认真贯彻落实党中央、国务院关于打赢脱贫攻坚战的决策部署，针对老少边穷岛地区以及农村等失学辍学率可能较高的地方，把控辍保学工作作为脱贫攻坚的硬任务，压实工作责任。要聚焦贫困地区和贫困人口，把建档立卡等家庭经济困难学生（含非建档立卡的家庭经济困难残疾学生、农村低保家庭学生、农村特困救助供养学生，下同）作为脱贫攻坚重点对象，特别是把残疾儿童、残疾人子女、服刑人员未成年子女、留守儿童、直过民族地区适龄儿童作为重中之重，坚持优先帮扶、精准扶贫，切实提高扶贫成效，到 2020 年全面完成"发展教育脱贫一批"任务，阻断贫困代际传递。各地教育部门要会同财政部门、扶贫部门、民政部门、安置帮教机构、残联组织，加强排查，摸清情况，针对家庭经济特殊困难学生，按照"一家一案，一生一案"制订扶贫方案，统筹各类扶贫、惠民政策，确保孩子不因家庭经济困难而失学辍学。

全面落实教育扶贫和资助政策。各地要完善义务教育扶贫助学

工作机制，认真落实义务教育"两免一补"、农村义务教育学生营养改善计划等惠民政策。加大对残疾学生就学支持力度，对符合资助政策的残疾学生和残疾人子女优先予以资助，建立完善残疾学生特殊学习用品、教育训练、交通费等补助政策。完善高中阶段教育和高等教育资助政策，加大对家庭经济困难学生资助力度，免除公办普通高中建档立卡等家庭经济困难学生学杂费，继续实施高校面向农村和贫困地区定向招生专项计划，畅通绿色升学通道，提高贫困地区义务教育学生升学信心。

2. 强化保障控辍，避免因上学远上学难而辍学

统筹城乡义务教育学校规划布局。各地要加强农村义务教育学校布局规划，保障学校布局与村镇建设、学龄人口居住分布相适应。在交通便利、公共服务成型的乡镇加强寄宿制学校建设，在人口稀少、地处偏远、交通不便的地方应保留或设置教学点，切实保障学生就近上学的需要。完善不能到校学习的重度残疾儿童送教上门制度。根据学生年龄特点及各地实际，切实处理好坚持就近入学为主与合理集中寄宿的关系。严格规范学校撤并程序，充分听取群众意见，避免因学校布局不合理和学生上下学交通不方便造成学生失学辍学。要因地制宜通过增加寄宿床位、增加公共交通线路和站点、提供校车服务等多种方式，妥善解决农村学生上学远和寄宿学生家校往返交通问题。通过在城镇新建和改扩建学校，有序扩大城镇学位供给，全面建立以居住证为主要依据的随迁子女入学政策，为随迁子女平等接受义务教育提供条件。

改善乡村学校办学条件。要强化地方政府责任，优化财政支出结构，优先发展义务教育；中央财政要调整优化教育支出结构，重点保障义务教育，对贫困等财力薄弱地区，要加大倾斜支持力度。各地要加强省级统筹，完善乡镇寄宿制学校、乡村小规模学校办学标准，科学推进学校标准化建设。充分利用"十三五"期间义务教育学校建设项目，加大对因条件薄弱辍学高发县（市、区）义务教

育薄弱学校支持力度，积极改善基本办学条件。落实城乡统一、重在农村的义务教育经费保障机制，适当提高寄宿制学校、小规模学校和北方取暖地区学校公用经费补助水平，保障学校正常运转。严格落实对学生规模不足 100 人的村小学和教学点按 100 人核定公用经费政策，确保经费落实到学校（教学点）。加强教育审计和问责，对挪用和挤占村小学和教学点公用经费的单位与个人要严肃问责。加快"三通两平台"（即"宽带网络校校通、优质资源班班通、网络学习空间人人通"，教育资源公共服务平台、教育管理公共服务平台）建设与应用，促进农村学校共享优质教育资源。

（六）《中共中央 国务院关于实施乡村振兴战略的意见》（中发〔2018〕1 号）

优先发展农村教育事业。高度重视发展农村义务教育，推动建立以城带乡、整体推进、城乡一体、均衡发展的义务教育发展机制。全面改善薄弱学校基本办学条件，加强寄宿制学校建设。实施农村义务教育学生营养改善计划。发展农村学前教育。推进农村普及高中阶段教育，支持教育基础薄弱县普通高中建设，加强职业教育，逐步分类推进中等职业教育免除学杂费。健全学生资助制度，使绝大多数农村新增劳动力接受高中阶段教育、更多接受高等教育。把农村需要的人群纳入特殊教育体系。以市县为单位，推动优质学校辐射农村薄弱学校常态化。统筹配置城乡师资，并向乡村倾斜，建好建强乡村教师队伍。

（七）《中共中央 国务院关于全面深化新时代教师队伍建设改革的意见》（中发〔2018〕4 号）

全面提高中小学教师质量，建设一支高素质专业化的教师队伍。大力推动研究生层次教师培养，增加教育硕士招生计划，向中西部地区和农村地区倾斜。实施校长国培计划，重点开展乡村中小

学骨干校长培训和名校长研修。

创新和规范中小学教师编制配备。创新编制管理，加大教职工编制统筹配置和跨区域调整力度，省级统筹、市域调剂、以县为主，动态调配。编制向乡村小规模学校倾斜，按照班师比与生师比相结合的方式核定。

优化义务教育教师资源配置。实行义务教育教师"县管校聘"。深入推进县域内义务教育学校教师、校长交流轮岗，实行教师聘期制、校长任期制管理，推动城镇优秀教师、校长向乡村学校、薄弱学校流动。实行学区（乡镇）内走教制度，地方政府可根据实际给予相应补贴。逐步扩大农村教师特岗计划实施规模，适时提高特岗教师工资性补助标准。鼓励优秀特岗教师攻读教育硕士。鼓励地方政府和相关院校因地制宜采取定向招生、定向培养、定期服务等方式，为乡村学校及教学点培养"一专多能"教师，优先满足老少边穷地区教师补充需要。实施银龄讲学计划，鼓励支持乐于奉献、身体健康的退休优秀教师到乡村和基层学校支教讲学。

深化中小学教师职称和考核评价制度改革。将中小学教师到乡村学校、薄弱学校任教1年以上的经历作为申报高级教师职称和特级教师的必要条件。

大力提升乡村教师待遇。深入实施乡村教师支持计划，关心乡村教师生活。认真落实艰苦边远地区津贴等政策，全面落实集中连片特困地区乡村教师生活补助政策，依据学校艰苦边远程度实行差别化补助，鼓励有条件的地方提高补助标准，努力惠及更多乡村教师。加强乡村教师周转宿舍建设，按规定将符合条件的教师纳入当地住房保障范围，让乡村教师住有所居。拿出务实举措，帮助乡村青年教师解决困难，关心乡村青年教师工作生活，巩固乡村青年教师队伍。在培训、职称评聘、表彰奖励等方面向乡村青年教师倾斜，优化乡村青年教师发展环境，加快乡村青年教师成长步伐。为乡村教师配备相应设施，丰富精神文化生活。

提升教师社会地位。做好乡村学校从教 30 年教师荣誉证书颁发工作。

（八）《国务院办公厅关于全面加强乡村小规模学校和乡镇寄宿制学校建设的指导意见》（国办发〔2018〕27 号）

乡村小规模学校（指不足 100 人的村小学和教学点）和乡镇寄宿制学校（以下统称两类学校）是农村义务教育的重要组成部分。办好两类学校，是实施科教兴国战略、加快教育现代化的重要任务，是实施乡村振兴战略、推进城乡基本公共服务均等化的基本要求，是打赢教育脱贫攻坚战、全面建成小康社会的有力举措。

1. 统筹布局规划

准确把握布局要求。农村学校布局既要有利于为学生提供公平、有质量的教育，又要尊重未成年人身心发展规律、方便学生就近入学；既要防止过急过快撤并学校导致学生过于集中，又要避免出现新的"空心校"。原则上小学 1～3 年级学生不寄宿，就近走读上学，路途时间一般不超过半小时；4～6 年级学生以走读为主，在住宿、生活、交通、安全等有保障的前提下可适当寄宿，具体由县级人民政府根据当地实际确定。

科学制订布局规划。县级人民政府要结合本地人口分布、地理特征、交通资源、城镇化进程和学龄人口流动、变化趋势，统筹县域教育资源，有序加强城镇学校建设，积极消除城镇学校大班额，在此基础上，要统筹乡村小规模学校、乡镇寄宿制学校和乡村完全小学布局，修订完善农村义务教育学校布局专项规划，按程序公开征求意见，并按程序报省级人民政府备案。在人口较为集中、生源有保障的村单独或与相邻村联合设置完全小学；地处偏远、生源较少的地方，一般在村设置低年级学段的小规模学校，在乡镇设置寄宿制中心学校，满足本地学生寄宿学习需求。坚持办好民族地区学校、国门学校和边境学校。

妥善处理撤并问题。布局规划中涉及到小规模学校撤并的，由县级人民政府因地制宜确定，但要按照"科学评估、应留必留、先建后撤、积极稳妥"的原则从严掌握。学校撤并原则上只针对生源极少的小规模学校，并应有适当的过渡期，视生源情况再作必要的调整。要严格履行撤并方案制订、论证、公示等程序，并切实做好学生和家长思想工作。撤并后的闲置校舍应主要用于发展乡村学前教育、校外教育、留守儿童关爱保护等。对已经撤并的小规模学校，由于当地生源增加等原因确有必要恢复办学的，要按程序恢复。各地要通过满足就近入学需求、解决上下学交通服务、加大家庭经济困难学生资助力度等措施，坚决防止因为学校布局不合理导致学生上学困难甚至辍学。

2. 改善办学条件

完善办学标准。各省（区、市）要认真落实国家普通中小学校建设标准、装备配备标准和全面改善贫困地区义务教育薄弱学校基本办学条件有关要求，按照"实用、够用、安全、节俭"的原则，结合本地实际，针对两类学校特点，合理确定两类学校校舍建设、装备配备、信息化、安全防范等基本办学标准。对于小规模学校，要保障信息化、音体美设施设备和教学仪器、图书配备，设置必要的功能教室，改善生活卫生条件。对于寄宿制学校，要在保障基本教育教学条件基础上，进一步明确床铺、食堂、饮用水、厕所、浴室等基本生活条件标准和开展共青团、少先队活动及文体活动所必需的场地与设施条件。

加快标准化建设。各地要统筹农村基础设施建设项目，加强通往两类学校的道路建设，完善交通管理和安全设施，开展校园周边环境综合治理，确保学生上下学安全。按照建设一所、达标一所、用好一所的要求，统筹全面改善贫困地区义务教育薄弱学校基本办学条件、教育现代化推进工程等中央和地方学校建设资金，多渠道筹措经费，加快推进两类学校建设。要摸清底数，对照标准，按照

137

"缺什么、补什么"的原则，实事求是确定建设项目和内容，制订具体实施计划，落实建设资金，加快建设进度，力争 2019 年秋季开学前，各地两类学校办学条件达到本省份确定的基本办学标准。要精打细算，避免浪费，坚决防止建设豪华学校。

3. 强化师资建设

完善编制岗位核定。对小规模学校实行编制倾斜政策，按照生师比与班师比相结合的方式核定编制；对寄宿制学校应根据教学、管理实际需要，通过统筹现有编制资源、加大调剂力度等方式适当增加编制。各省（区、市）要结合实际制定具体核定标准和实施办法。推进县域内同学段学校岗位结构协调并向乡村适当倾斜，努力使乡村学校中高级教师岗位比例不低于城镇同学段学校。将到乡村学校、薄弱学校任教 1 年以上的经历作为申报高级教师职称和特级教师的重要条件。切实落实教师职称评聘向乡村学校教师倾斜政策，并优先满足小规模学校需要，保障乡村教师职称即评即聘。深化义务教育阶段教师"县管校聘"管理改革，按照核定的编制，及时为乡村学校配备合格教师，保障所有班级开齐开足国家规定的课程，保障小规模学校少先队辅导员配备。各省（区、市）要统筹制定寄宿制学校宿管、食堂、安保等工勤服务人员及卫生人员配备标准，满足学校生活服务基本需要。严格执行教职工编制标准，严格教师准入，为义务教育学校配齐合格教师。加快实行教职工编制城乡、区域统筹和动态管理，盘活编制存量，统筹调配城乡教师资源，严禁在有合格教师来源的情况下"有编不补"或者挤占挪用中小学教职工编制，从根本上解决部分地区长期聘用编外教师问题。

提高乡村教师待遇。进一步落实和完善乡村教师工资待遇政策，核定绩效工资总量时向两类学校适当倾斜，统筹考虑当地公务员实际收入水平，加强督促检查，确保中小学教师平均工资收入水平不低于或高于当地公务员平均工资收入水平。认真落实乡村教师享受乡镇工作补贴、集中连片特困地区生活补助和艰苦边远地区津

贴等政策；因地制宜稳步扩大集中连片特困地区乡村教师生活补助政策实施范围，鼓励有条件的地方提高补助标准，并依据学校艰苦边远程度实行差别化补助。切实落实将符合条件的乡村学校教师纳入当地政府住房保障体系的政策。坚持从实际出发合理布局，加大艰苦边远地区乡村教师周转宿舍建设力度，保障教师基本工作和生活条件；地处偏远、交通不便的乡村小规模学校应配建教师周转宿舍；交通较为便利、距离相对较近的地方，可在乡镇寄宿制学校内或周边集中建设教师周转宿舍。关心乡村教师生活，为教师走教提供交通帮助与支持。

改革教师培养培训。加强实践培养，结合推进城乡教师交流支教，遴选一批乡村教师到城镇学校跟岗实习培养。适应一些乡村小规模学校教师包班、复式教学需要，注重培养一批职业精神牢固、学科知识全面、专业基础扎实的"一专多能"乡村教师。通过送教下乡、集中研修等方式，加大对乡村学校校长、教师特别是小规模学校教师的培训力度，增强乡村教师培训的针对性和实效性，全面提升两类学校教师教书育人能力与水平。"国培计划"优先支持艰苦边远贫困地区乡村教师培训。加强教研队伍建设，充分发挥县级教研机构作用，着力帮助提升乡村小规模学校教育质量。鼓励师范生到两类学校开展教学实习。要加大教育经费支持教师队伍建设力度，重点用于按规定提高教师待遇保障，提升教师专业素质能力。

4. 强化经费保障

加大经费投入力度。要强化地方政府责任，优化财政支出结构，优先发展义务教育。教育经费投入向两类学校倾斜，统筹兼顾解决义务教育发展不平衡问题，大力促进教育公平。切实落实对乡村小规模学校按100人拨付公用经费和对乡镇寄宿制学校按寄宿生年生均200元标准增加公用经费补助政策，中央财政继续给予支持。鼓励各地结合实际进一步提高两类学校生均公用经费水平，确保两类学校正常运转。各地要针对乡镇寄宿制学校实际需要，严格按照政府购买服务的有关规定，探索将属于政府职责范围且适宜通过市场方式提供的学校安保、生活服务等事项纳入政府购买服务范围，所需资金从地方财政预算中统筹安排。各地在编制乡镇中心学校年度预算时，应统筹考虑其指导小规模学校教育教学工作等因素，结合财力状况予以保障，严禁乡镇中心学校挤占小规模学校经费。

完善经费管理制度。各地要完善小规模学校经费使用管理办法，根据实际在小规模学校间合理统筹安排公用经费，实行账目单列、规范管理、合理统筹，确保足额用于小规模学校，不得滞留或挪用。县级财政、教育行政部门要及时公布乡镇中心学校及小规模学校公用经费预算安排额度，并提前拨付部分公用经费，保证小规模学校正常运转。要加强乡镇中心学校财务管理，规范会计核算，加强财务审计，保障资金规范使用。

（九）《国务院办公厅关于进一步调整优化结构提高教育经费使用效益的意见》（国办发〔2018〕82号）

重点保障义务教育均衡发展。巩固完善城乡统一、重在农村的义务教育经费保障机制，逐步实行全国统一的义务教育公用经费基准定额。落实对农村不足100人的小规模学校按100人拨付公用经费和对寄宿制学校按寄宿生年生均200元标准增加公用经费补助政策，单独核定并落实义务教育阶段特殊教育学校和随班就读残疾学生公用经费，确保经费落实到学校（教学点），确保学校正常运转。全面加强乡村小规模学校和乡镇寄宿制学校建设，提升乡村学校办学水平，振兴乡村教育。推动建立以城带乡、整体推进、城乡一体、均衡发展的义务教育发展机制，着力解决人民群众关心的控辍保学、"大班额"、随迁子女就学、家庭无法正常履行教育和监护责任的农村留守儿童入校寄宿等突出问题。

不断提高教师队伍建设保障水平。严格按照现行政策规定落实乡村教师生活补助政策，及时足额发放艰苦边远地区津贴，加强教师周转房建设，提高乡村教师工作生活保障水平，引导优秀教师到农村任教。

着力补齐教育发展短板。支持发展面向农村的职业教育，服务乡村振兴战略。

（十）中共中央 国务院印发《乡村振兴战略规划（2018—2022 年）》（2018 年 9 月）

优先发展农村教育事业。统筹规划布局农村基础教育学校，保障学生就近享有有质量的教育。科学推进义务教育公办学校标准化建设，全面改善贫困地区义务教育薄弱学校基本办学条件，加强寄宿制学校建设，提升乡村教育质量，实现县域校际资源均衡配置。发展农村学前教育，每个乡镇至少办好 1 所公办中心幼儿园，完善县乡村学前教育公共服务网络。继续实施特殊教育提升计划。科学稳妥推行民族地区乡村中小学双语教育，坚定不移推行国家通用语言文字教育。实施高中阶段教育普及攻坚计划，提高高中阶段教育普及水平。大力发展面向农村的职业教育，加快推进职业院校布局结构调整，加强县级职业教育中心建设，有针对性地设置专业和课程，满足乡村产业发展和振兴需要。推动优质学校辐射农村薄弱学校常态化，加强城乡教师交流轮岗。积极发展"互联网＋教育"，推进乡村学校信息化基础设施建设，优化数字教育资源公共服务体系。落实好乡村教师支持计划，继续实施农村义务教育学校教师特设岗位计划，加强乡村学校紧缺学科教师和民族地区双语教师培训，落实乡村教师生活补助政策，建好建强乡村教师队伍。

（十一）《中共中央 国务院关于学前教育深化改革规范发展的若干意见》（2018 年 11 月）

科学规划布局。各地要充分考虑人口变化和城镇化发展趋势，结合实施乡村振兴战略，制定应对学前教育需求高峰方案。以县为单位制定幼儿园布局规划，切实把普惠性幼儿园建设纳入城乡公共管理和公共服务设施统一规划，列入本地区控制性详细规划和土地招拍挂建设项目成本，选定具体位置，明确服务范围，确定建设规模，确保优先建设。公办园资源不足的城镇地区，新建改扩建一批公办园。大力发展农村学前教育，每个乡镇原则上至少办好一所公办中心园，大村独立建园或设分园，小村联合办园，人口分散地区根据实际情况可举办流动幼儿园、季节班等，配备专职巡回指导教师，完善县乡村三级学前教育公共服务网络。

积极挖潜扩大增量。充分利用腾退搬迁的空置厂房、乡村公共服务设施、农村中小学闲置校舍等资源，以租赁、租借、划转等形式举办公办园。

优化经费投入结构。中央财政继续安排支持学前教育发展资金，支持地方多种形式扩大普惠性资源，深化体制机制改革，健全幼儿资助制度，重点向中西部农村地区和贫困地区倾斜。

依法保障幼儿园教师地位和待遇。各地要认真落实公办园教师工资待遇保障政策，统筹工资收入政策、经费支出渠道，确保教师工资及时足额发放、同工同酬。有条件的地方可试点实施乡村公办园教师生活补助政策。

健全管理体制。国家完善相关法规制度，制定学前教育发展规划，推进普及学前教育，构建覆盖城乡的学前教育公共服务体系。

二、农村医疗卫生政策

（一）党的十九大报告

实施健康中国战略。人民健康是民族昌盛和国家富强的重要标志。要完善国民健康政策，为人民群众提供全方位全周期健康服务。深化医药卫生体制改革，全面建立中国特色基本医疗卫生制度、医疗保障制度和优质高效的医疗卫生服务体系，健全现代医院管理制度。加强基层医疗卫生服务体系和全科医生队伍建设。全面取消以药养医，健全药品供应保障制度。坚持预防为主，深入开展爱国卫生运动，倡导健康文明生活方式，预防控制重大疾病。实施食品安全战略，让人民吃得放心。坚持中西医并重，传承发展中医药事业。支持社会办医，发展健康产业。促进生育政策和相关经济社会政策配套衔接，加强人口发展战略研究。积极应对人口老龄化，构建养老、孝老、敬老政策体系和社会环境，推进医养结合，加快老龄事业和产业发展。

（二）《国务院办公厅关于进一步加强乡村医生队伍建设的实施意见》（国办发〔2015〕13号）

1. 明确乡村医生功能任务

明确乡村医生职责。乡村医生（包括在村卫生室执业的执业医师、执业助理医师，下同）主要负责向农村居民提供公共卫生和基本医疗服务，并承担卫生计生行政部门委托的其他医疗卫生服务相关工作。

合理配置乡村医生。随着基本公共卫生服务的深入开展和基层首诊、分级诊疗制度的逐步建立，各地要综合考虑辖区服务人口、服务现状和预期需求以及地理条件等因素，合理配置乡村医生，原则上按照每千服务人口不少于1名的标准配备乡村医生。

2. 加强乡村医生管理

严格乡村医生执业准入。在村卫生室执业的医护人员必须具备相应的资格并按规定进行注册。新进入村卫生室从事预防、保健和医疗服务的人员，应当具备执业医师或执业助理医师资格。条件不具备的地区，要严格按照《乡村医生从业管理条例》要求，由省级人民政府制定具有中等医学专业学历的人员或者经培训达到中等医学专业水平的人员进入村卫生室执业的具体办法。

规范乡村医生业务管理。县级卫生计生行政部门按照《中华人民共和国执业医师法》、《乡村医生从业管理条例》等有关规定，切实加强乡村医生执业管理和服务质量监管，促进合理用药，提高医疗卫生服务的安全性和有效性。

规范开展乡村医生考核。在县级卫生计生行政部门的统一组织下，由乡镇卫生院定期对乡村医生开展考核。考核内容包括乡村医生提供的基本医疗和基本公共卫生服务的数量、质量和群众满意度，乡村医生学习培训情况以及医德医风等情况。考核结果作为乡村医生执业注册和财政补助的主要依据。

3. 优化乡村医生学历结构

加强继续教育。各地要按照《全国乡村医生教育规划（2011—2020年）》要求，切实加强乡村医生教育和培养工作。鼓励符合条件的在岗乡村医生进入中、高等医学（卫生）院校（含中医药院校）接受医学学历教育，提高整体学历层次。对于按规定参加学历教育并取得医学相应学历的在岗乡村医生，政府对其学费可予以适当补助。

实施订单定向培养。加强农村订单定向医学生免费培养工作，重点实施面向村卫生室的3年制中、高职免费医学生培养。免费医学生主要招收农村生源。

4. 提高乡村医生岗位吸引力

拓宽乡村医生发展空间。在同等条件下，乡镇卫生院优先聘用获得执业医师、执业助理医师资格的乡村医生，进一步吸引执业医师、执业助理医师和医学院校毕业生到村卫生室工作。鼓励各地结合实际开展乡村一体化管理试点，按照国家政策规定的程序和要求聘用具有执业医师、执业助理医师资格的乡村医生。

规范开展乡村医生岗位培训。各地要依托县级医疗卫生机构或有条件的中心乡镇卫生院，开展乡村医生岗位培训。乡村医生每年接受免费培训不少于2次，累计培训时间不少于2周；各地可选派具有执业医师或执业助理医师资格的优秀乡村医生到省、市级医院接受免费培训；乡村医生每 3～5 年免费到县级医疗卫生机构或有条件的中心乡镇卫生院脱产进修，进修时间原则上不少于 1 个月。乡村医生应学习中医药知识，运用中医药技能防治疾病。到村卫生室工作的医学院校本科毕业生优先参加住院医师规范化培训。

5. 转变乡村医生服务模式

开展契约式服务。各地要结合实际，探索开展乡村医生和农村居民的签约服务。乡村医生或由乡镇卫生院业务骨干（含全科医生）和乡村医生组成团队与农村居民签订一定期限的服务协议，建立相对稳定的契约服务关系，提供约定的基本医疗卫生服务，并按规定收取服务费。服务费由医保基金、基本公共卫生服务经费和签约居民分担，具体标准和保障范围由各地根据当地医疗卫生服务水平、签约人群结构以及医保基金和基本公共卫生服务经费承受能力等因素确定。乡村医生提供签约服务，除按规定收取服务费外，不得另行收取其他费用。加大适宜技术的推广力度，鼓励乡村医生提供个性化的健康服务，并按有关规定收取费用。

建立乡村全科执业助理医师制度。做好乡村医生队伍建设和全科医生队伍建设的衔接。在现行的执业助理医师资格考试中增设乡村全科执业助理医师资格考试。乡村全科执业助理医师资格考试按照国家医师资格考试相关规定，由国家行业主管部门制定考试大纲，统一组织，单独命题，考试合格的发放乡村全科执业助理医师资格证书，限定在乡镇卫生院或村卫生室执业。取得乡村全科执业助理医师资格的人员可以按规定参加医师资格考试。

6. 保障乡村医生合理收入

切实落实乡村医生多渠道补偿政策。各地要综合考虑乡村医生工作的实际情况、服务能力和服务成本，采取购买服务的方式，保障乡村医生合理的收入水平。

对于乡村医生提供的基本公共卫生服务，通过政府购买服务的方式，根据核定的任务量和考核结果，将相应的基本公共卫生服务经费拨付给乡村医生。在 2014 年和 2015 年将农村地区新增的人均 5 元基本公共卫生服务补助资金全部用于乡村医生的基础上，未来新增的基本公共卫生服务补助资金继续重点向乡村医生倾斜，用于加强村级基本公共卫生服务工作。

未开展乡村医生和农村居民签约服务的地方，对于乡村医生提供的基本医疗服务，要通过设立一般诊疗费等措施，由医保基金和个人分担。在综合考虑乡村医生服务水平、医保基金承受能力和不增加群众个人负担的前提下，科学测算确定村卫生室一般诊疗费标准，原则上不高于基层医疗卫生机构一般诊疗费标准，并由医保基金按规定支付。各地要将符合条件的村卫生室和个体诊所等纳入医保定点医疗机构管理。

对于在实施基本药物制度的村卫生室执业的乡村医生，要综合考虑基本医疗和基本公共卫生服务补偿情况，给予定额补助。定额补助标准由各省（区、市）人民政府按照服务人口数量或乡村医生人数核定。

随着经济社会的发展，动态调整乡村医生各渠道补助标准，逐步提高乡村医生的待遇水平。

提高艰苦边远地区乡村医生待遇。对在国家有关部门规定的艰苦边远地区和连片特困地区服务的乡村医生，地方财政要适当增加补助。

7. 建立健全乡村医生养老和退出政策

完善乡村医生养老政策。各地要支持和引导符合条件的乡村医生按规定参加职工基本养老保险。不属于职工基本养老保险覆盖范围的乡村医生，可在户籍地参加城乡居民基本养老保险。

对于年满 60 周岁的乡村医生，各地要结合实际，采取补助等多种形式，进一步提高乡村医生养老待遇。

建立乡村医生退出机制。各地要结合实际，建立乡村医生退出机制。确有需要的，村卫生室可以返聘乡村医生继续执业。

8. 改善乡村医生工作条件和执业环境

加强村卫生室建设。各地要依托农村公共服务平台建设等项目，采取公建民营、政府补助等方式，进一步支持村卫生室房屋建设和设备购置。加快信息化建设，运用移动互联网技术，建立以农村居民健康档案和基本诊疗为核心的信息系统并延伸至村卫生室，支持新型农村合作医疗即时结算管理、健康档案和基本诊疗信息联动、绩效考核以及远程培训、远程医疗等。

（三）《国务院印发"十三五"推进基本公共服务均等化规划的通知》（国发〔2017〕9号）

基本医疗卫生。国家建立健全覆盖城乡居民的基本医疗卫生制度，推进健康中国建设，坚持计划生育基本国策，以基层为重点，以改革创新为动力，预防为主、中西医并重，提高人民健康水平。

▶**重点任务：**

重大疾病防治和基本公共卫生服务。继续实施国家基本公共卫生服务项目和国家重大公共卫生服务项目。开展重大疾病和突发急性传染病联防联控，提高对传染病、慢性病、精神障碍、地方病、职业病和出生缺陷等的监测、预防和控制能力。加强突发公共事件紧急医学救援、突发公共卫生事件监测预警和应急处理。深入开展爱国卫生运动，继续推进卫生城镇创建工作，开展健康城市、健康村镇建设，实施全国城乡环境卫生整洁行动，加快农村改厕，农村卫生厕所普及率提高到85%。加强居民身心健康教育和自我健康管理，做好心理健康服务。

医疗卫生服务。落实区域卫生规划和医疗机构设置规划，依据常住人口规模和服务半径等合理配置医疗卫生资源。深化基层医改，巩固完善基本药物制度，全面推进公立医院综合改革，推动形成基层首诊、双向转诊、急慢分治、上下联动的分级诊疗模式。完善中医医疗服务体系，发挥中医药特色优势，推动中医药传承与创新。

妇幼健康和计划生育服务管理。实施全面两孩政策，改革完善计划生育服务管理，实施生育登记服务。开展孕前优生健康检查，加强高危孕产妇和新生儿健康管理。提高妇女常见病筛查率和早诊早治率，扩大农村妇女宫颈癌、乳腺癌项目检查覆盖范围。继续落实计划生育技术服务基本项目，将流动人口纳入城镇计划生育服务范围。加强出生人口性别比综合治理。完善农村部分计划生育家庭奖励扶助制度、计划生育家庭特别扶助制度，继续实施"少生快富"工程。

食品药品安全。实施食品安全战略，完善法规制度，提高安全标准，全面落实企业主体责任，提高监督检查频次，扩大抽检监测覆盖面，实行全产业链可追溯管理。深化药品医疗器械审评审批制度改革，探索按照独立法人治理模式改革审评机构，推行药品经营企业分级分类管理。加大农村食品药品安全治理力度，完善对网络销售食品药品的监管。

（四）《国务院办公厅关于推进医疗联合体建设和发展的指导意见》（国办发〔2017〕32号）

探索以县级医院为龙头、乡镇卫生院为枢纽、村卫生室为基础的县乡一体化管理，与乡村一体化管理有效衔接。充分发挥县级医院的城乡纽带作用和县域龙头作用，形成县乡村三级医疗卫生机构分工协作机制，构建三级联动的县域医疗服务体系。大力发展面向基层、边远和欠发达地区的远程医疗协作网。到2020年，在总结试点经验的基础上，全面推进医联体建设，形成较为完善的医联体政策体系。

（五）中共中央 国务院印发《乡村振兴战略规划（2018—2022年）》（2018年9月）

推进健康乡村建设。深入实施国家基本公共卫生服务项目，完

善基本公共卫生服务项目补助政策，提供基础性全方位全周期的健康管理服务。加强慢性病、地方病综合防控，大力推进农村地区精神卫生、职业病和重大传染病防治。深化农村计划生育管理服务改革，落实全面两孩政策。增强妇幼健康服务能力，倡导优生优育。加强基层医疗卫生服务体系建设，基本实现每个乡镇都有1所政府举办的乡镇卫生院，每个行政村都有1所卫生室，每个乡镇卫生院都有全科医生，支持中西部地区基层医疗卫生机构标准化建设和设备提挡升级。切实加强乡村医生队伍建设，支持并推动乡村医生申请执业（助理）医师资格。全面建立分级诊疗制度，实行差别化的医保支付和价格政策。深入推进基层卫生综合改革，完善基层医疗卫生机构绩效工资制度。开展和规范家庭医生签约服务。树立大卫生大健康理念，广泛开展健康教育活动，倡导科学文明健康的生活方式，养成良好卫生习惯，提升居民文明卫生素质。

三、农村社会保障政策

（一）《国务院关于建立统一的城乡居民基本养老保险制度的意见》（国发〔2014〕8号）

按照党的十八大精神和十八届三中全会关于整合城乡居民基本养老保险制度的要求，依据《中华人民共和国社会保险法》有关规定，在总结新型农村社会养老保险（以下简称新农保）和城镇居民社会养老保险（以下简称城居保）试点经验的基础上，国务院决定，将新农保和城居保两项制度合并实施，在全国范围内建立统一的城乡居民基本养老保险（以下简称城乡居民养老保险）制度。

坚持和完善社会统筹与个人账户相结合的制度模式，巩固和拓宽个人缴费、集体补助、政府补贴相结合的资金筹集渠道，完善基础养老金和个人账户养老金相结合的待遇支付政策，强化长缴多得、多缴多得等制度的激励机制，建立基础养老金正常调整机制，健全服务网络，提高管理水平，为参保居民提供方便快捷的服务。

2020年前，全面建成公平、统一、规范的城乡居民养老保险制度，与社会救助、社会福利等其他社会保障政策相配套，充分发挥家庭养老等传统保障方式的积极作用，更好保障参保城乡居民的老年基本生活。

1. 参保范围

年满16周岁（不含在校学生），非国家机关和事业单位工作人员及不属于职工基本养老保险制度覆盖范围的城乡居民，可以在户籍地参加城乡居民养老保险。

2. 基金筹集

城乡居民养老保险基金由个人缴费、集体补助、政府补贴构成。

个人缴费。参加城乡居民养老保险的人员应当按规定缴纳养老保险费。缴费标准目前设为每年100元、200元、300元、400元、500元、600元、700元、800元、900元、1 000元、1 500元、2 000元12个档次，省（区、市）人民政府可以根据实际情况增设缴费档次，最高缴费档次标准原则上不超过当地灵活就业人员参加职工基本养老保险的年缴费额，并报人力资源社会保障部备案。人力资源社会保障部会同财政部依据城乡居民收入增长等情况适时调整缴费档次标准。参保人自主选择档次缴费，多缴多得。

集体补助。有条件的村集体经济组织应当对参保人缴费给予补助，补助标准由村民委员会召开村民会议民主确定，鼓励有条件的社区将集体补助纳入社区公益事业资金筹集范围。鼓励其他社会经济组织、公益慈善组织、个人为参保人缴费提供资助。补助、资助金额不超过当地设定的最高缴费档次标准。

政府补贴。政府对符合领取城乡居民养老保险待遇条件的参保人全额支付基础养老金，其中，中央财政对中西部地区按中央确定的基础养老金标准给予全额补助，对东部地区给予50%的补助。

地方人民政府应当对参保人缴费给予补贴，对选择最低档次标准缴费的，补贴标准不低于每人每年 30 元；对选择较高档次标准缴费的，适当增加补贴金额；对选择 500 元及以上档次标准缴费的，补贴标准不低于每人每年 60 元，具体标准和办法由省（区、市）人民政府确定。对重度残疾人等缴费困难群体，地方人民政府为其代缴部分或全部最低标准的养老保险费。

3. 建立个人账户

国家为每个参保人员建立终身记录的养老保险个人账户，个人缴费、地方人民政府对参保人的缴费补贴、集体补助及其他社会经济组织、公益慈善组织、个人对参保人的缴费资助，全部记入个人账户。个人账户储存额按国家规定计息。

4. 养老保险待遇及调整

城乡居民养老保险待遇由基础养老金和个人账户养老金构成，支付终身。

基础养老金。中央确定基础养老金最低标准，建立基础养老金最低标准正常调整机制，根据经济发展和物价变动等情况，适时调整全国基础养老金最低标准。地方人民政府可以根据实际情况适当提高基础养老金标准；对长期缴费的，可适当加发基础养老金，提高和加发部分的资金由地方人民政府支出，具体办法由省（区、市）人民政府规定，并报人力资源社会保障部备案。

个人账户养老金。个人账户养老金的月计发标准，目前为个人账户全部储存额除以 139（与现行职工基本养老保险个人账户养老金计发系数相同）。参保人死亡，个人账户资金余额可以依法继承。

（二）《国务院办公厅关于全面实施城乡居民大病保险的意见》（国办发〔2015〕57 号）

城乡居民大病保险（以下简称大病保险）是基本医疗保障制度的拓展和延伸，是对大病患者发生的高额医疗费用给予进一步保障的一项新的制度性安排。

1. 完善大病保险筹资机制

科学测算筹资标准。各地结合当地经济社会发展水平、患大病发生的高额医疗费用情况、基本医保筹资能力和支付水平，以及大病保险保障水平等因素，科学细致做好资金测算，合理确定大病保险的筹资标准。

稳定资金来源。从城乡居民基本医保基金中划出一定比例或额度作为大病保险资金。城乡居民基本医保基金有结余的地区，利用结余筹集大病保险资金；结余不足或没有结余的地区，在年度筹集的基金中予以安排。完善城乡居民基本医保的多渠道筹资机制，保证制度的可持续发展。

提高统筹层次。大病保险原则上实行市（地）级统筹，鼓励省级统筹或全省（区、市）统一政策、统一组织实施，提高抗风险能力。

2. 提高大病保险保障水平

全面覆盖城乡居民。大病保险的保障对象为城乡居民基本医保参保人，保障范围与城乡居民基本医保相衔接。参保人患大病发生高额医疗费用，由大病保险对经城乡居民基本医保按规定支付后个人负担的合规医疗费用给予保障。高额医疗费用，可以个人年度累计负担的合规医疗费用超过当地统计部门公布的上一年度城镇居民、农村居民年人均可支配收入作为主要测算依据。根据城乡居民收入变化情况，建立动态调整机制，研究细化大病的科学界定标准，具体由地方政府根据实际情况确定。合规医疗费用的具体范围由各省（区、市）和新疆生产建设兵团结合实际分别确定。

逐步提高支付比例。随着大病保险筹资能力、管理水平不断提高，进一步提高支付比例，更有效地减轻个人医疗费用负担。按照医疗费用高低分段制定大病保险支付比例，医疗费用越高支付比例越高。鼓励地方探索向困难群体适当倾斜的具体办法，努力提高大

病保险制度托底保障的精准性。

3. 加强医疗保障各项制度的衔接

强化基本医保、大病保险、医疗救助、疾病应急救助、商业健康保险及慈善救助等制度间的互补联动，明确分工，细化措施，在政策制定、待遇支付、管理服务等方面做好衔接，努力实现大病患者应保尽保。鼓励有条件的地方探索建立覆盖职工、城镇居民和农村居民的有机衔接、政策统一的大病保险制度。推动实现新型农村合作医疗重大疾病保障向大病保险平稳过渡。

建立大病信息通报制度，支持商业健康保险信息系统与基本医保、医疗机构信息系统进行必要的信息共享。大病保险承办机构要及时掌握大病患者医疗费用和基本医保支付情况，加强与城乡居民基本医保经办服务的衔接，提供"一站式"即时结算服务，确保群众方便、及时享受大病保险待遇。对经大病保险支付后自付费用仍有困难的患者，民政等部门要及时落实相关救助政策。

（三）《国务院关于整合城乡居民基本医疗保险制度的意见》（国发〔2016〕3号）

整合城镇居民基本医疗保险（以下简称城镇居民医保）和新型农村合作医疗（以下简称新农合）两项制度，建立统一的城乡居民基本医疗保险（以下简称城乡居民医保）制度，是推进医药卫生体制改革、实现城乡居民公平享有基本医疗保险权益、促进社会公平正义、增进人民福祉的重大举措，对促进城乡经济社会协调发展、全面建成小康社会具有重要意义。

统一覆盖范围。城乡居民医保制度覆盖范围包括现有城镇居民医保和新农合所有应参保（合）人员，即覆盖除职工基本医疗保险应参保人员以外的其他所有城乡居民。农民工和灵活就业人员依法参加职工基本医疗保险，有困难的可按照当地规定参加城乡居民医保。各地要完善参保方式，促进应保尽保，避免重复参保。

统一筹资政策。坚持多渠道筹资，继续实行个人缴费与政府补助相结合为主的筹资方式，鼓励集体、单位或其他社会经济组织给予扶持或资助。各地要统筹考虑城乡居民医保与大病保险保障需求，按照基金收支平衡的原则，合理确定城乡统一的筹资标准。现有城镇居民医保和新农合个人缴费标准差距较大的地区，可采取差别缴费的办法，利用2～3年时间逐步过渡。整合后的实际人均筹资和个人缴费不得低于现有水平。完善筹资动态调整机制。在精算平衡的基础上，逐步建立与经济社会发展水平、各方承受能力相适应的稳定筹资机制。逐步建立个人缴费标准与城乡居民人均可支配收入相衔接的机制。合理划分政府与个人的筹资责任，在提高政府补助标准的同时，适当提高个人缴费比重。

统一保障待遇。遵循保障适度、收支平衡的原则，均衡城乡保障待遇，逐步统一保障范围和支付标准，为参保人员提供公平的基本医疗保障。妥善处理整合前的特殊保障政策，做好过渡与衔接。城乡居民医保基金主要用于支付参保人员发生的住院和门诊医药费用。稳定住院保障水平，政策范围内住院费用支付比例保持在75%左右。进一步完善门诊统筹，逐步提高门诊保障水平。逐步缩小政策范围内支付比例与实际支付比例间的差距。

统一医保目录。统一城乡居民医保药品目录和医疗服务项目目录，明确药品和医疗服务支付范围。各省（区、市）要按照国家基本医保用药管理和基本药物制度有关规定，遵循临床必需、安全有效、价格合理、技术适宜、基金可承受的原则，在现有城镇居民医保和新农合目录的基础上，适当考虑参保人员需求变化进行调整，有增有减、有控有扩，做到种类基本齐全、结构总体合理。完善医保目录管理办法，实行分级管理、动态调整。

统一定点管理。统一城乡居民医保定点机构管理办法，强化定点服务协议管理，建立健全考核评价机制和动态的准入退出机制。对非公立医疗机构与公立医疗机构实行同等的定点管理政策。原则上由统筹地区管理机构负责定点机构的准入、退出和监管，省级管理机构负责制订定点机构的准入原则和管理办法，并重点加强对统筹区域外的省、市级定点医疗机构的指导与监督。

统一基金管理。城乡居民医保执行国家统一的基金财务制度、会计制度和基金预决算管理制度。城乡居民医保基金纳入财政专户，实行"收支两条线"管理。基金独立核算、专户管理，任何单位和个人不得挤占挪用。结合基金预算管理全面推进付费总额控制。基金使用遵循以收定支、收支平衡、略有结余的原则，确保应支付费用及时足额拨付，合理控制基金当年结余率和累计结余率。建立健全基金运行风险预警机制，防范基金风险，提高使用效率。强化基金内部审计和外部监督，坚持基金收支运行情况信息公开和参保人员就医结算信息公示制度，加强社会监督、民主监督和舆论监督。

（四）《国务院办公厅转发民政部等部门〈关于做好农村最低生活保障制度与扶贫开发政策有效衔接指导意见〉的通知》（国办发〔2016〕70 号）

1. 主要目标

通过农村低保制度与扶贫开发政策的有效衔接，形成政策合力，对符合低保标准的农村贫困人口实行政策性保障兜底，确保到 2020 年现行扶贫标准下农村贫困人口全部脱贫。

2. 重点任务

加强政策衔接。在坚持依法行政、保持政策连续性的基础上，着力加强农村低保制度与扶贫开发政策衔接。对符合农村低保条件的建档立卡贫困户，按规定程序纳入低保范围，并按照家庭人均收入低于当地低保标准的差额发给低保金。对符合扶贫条件的农村低保家庭，按规定程序纳入建档立卡范围，并针对不同致贫原因予以精准帮扶。对返贫的家庭，按规定程序审核后，相应纳入临时救助、医疗救助、农村低保等社会救助制度和建档立卡贫困户扶贫开发政策覆盖范围。对不在建档立卡范围内的农村低保家庭、特困人员，各地统筹使用相关扶贫开发政策。贫困人口参加农村基本医疗保险的个人缴费部分由财政给予补贴，对基本医疗保险和大病保险支付后个人自负费用仍有困难的，加大医疗救助、临时救助、慈善救助等帮扶力度，符合条件的纳入重特大疾病医疗救助范围。对农村低保家庭中的老年人、未成年人、重度残疾人、重病患者等重点救助对象，要采取多种措施提高救助水平，保障其基本生活，严格落实困难残疾人生活补贴制度和重度残疾人护理补贴制度。

加强对象衔接。县级民政、扶贫等部门和残联要密切配合，加强农村低保和扶贫开发在对象认定上的衔接。完善农村低保家庭贫困状况评估指标体系，以家庭收入、财产作为主要指标，根据地方实际情况适当考虑家庭成员因残疾、患重病等增加的刚性支出因素，综合评估家庭贫困程度。进一步完善农村低保和建档立卡贫困家庭经济状况核查机制，明确核算范围和计算方法。对参与扶贫开发项目实现就业的农村低保家庭，在核算其家庭收入时，可以扣减必要的就业成本，具体扣减办法由各地根据实际情况研究制定。"十三五"期间，在农村低保和扶贫对象认定时，中央确定的农村居民基本养老保险基础养老金暂不计入家庭收入。

加强标准衔接。各地要加大省级统筹工作力度，制定农村低保标准动态调整方案，确保所有地方农村低保标准逐步达到国家扶贫标准。农村低保标准低于国家扶贫标准的地方，要按照国家扶贫标准综合确定农村低保的最低指导标准。农村低保标准已经达到国家扶贫标准的地方，要按照动态调整机制科学调整。进一步完善农村低保标准与物价上涨挂钩的联动机制，确保困难群众不因物价上涨影响基本生活。各地农村低保标准调整后应及时向社会公布，接受社会监督。

加强管理衔接。对农村低保对象和建档立卡贫困人口实施动态管理。乡镇人民政府（街道办事处）要会同村（居）民委员会定期、不定期开展走访调查，及时掌握农村低保家庭、特困人员和建档立卡贫困家庭人口、收入、财产变化情况，并及时上报县级民政、扶贫部门。县级民政部门要将农村低保对象、特困人员名单提供给同级扶贫部门；县级扶贫部门要将建档立卡贫困人口名单和脱贫农村低保对象名单、脱贫家庭人均收入等情况及时提供给同级民政部门。健全信息公开机制，乡镇人民政府（街道办事处）要将农村低保和扶贫开发情况纳入政府信息公开范围，将建档立卡贫困人口和农村低保对象、特困人员名单在其居住地公示，接受社会和群众监督。

（五）《国务院关于印发"十三五"推进基本公共服务均等化规划的通知》（国发〔2017〕9 号）

1. 基本社会保险

国家构建全覆盖、保基本、多层次、可持续的社会保险制度，实施全民参保计划，保障公民在年老、疾病、工伤、失业、生育等情况下依法从国家和社会获得物质帮助。

推进实施城乡居民基本养老保险制度。健全基本医疗保险稳定可持续的筹资和报销比例调整机制，制定城乡居民医保政府补助三年规划，在提高政府补助标准的同时适当提高个人缴费比重，逐步将个人缴费与城乡居民家庭收入水平挂钩。完善医保缴费参保政策，改进个人账户，开展门诊费用统筹。实现基本医保基金中长期精算平衡，增强制度可持续性。改革医保支付方式，合理控制医疗费用，整合城乡居民医保政策和经办管理。全面实施城乡居民大病保险制度。

2. 基本社会服务

国家建立完善基本社会服务制度，为城乡居民提供相应的物质和服务等兜底帮扶，重点保障特定人群和困难群体的基本生存权与平等参与社会发展的权利。

▶**重点任务：**

社会救助。推进城乡低保统筹发展，健全低保对象认定办法，建立低保标准动态调整机制，确保农村低保标准逐步达到国家扶贫标准。完善特困人员认定条件，合理确定救助供养标准，适度提高救助供养水平。合理界定医疗救助对象，健全疾病应急救助制度，全面开展重特大疾病医疗救助工作，加强医疗救助与基本医疗保险、大病保险和其他救助制度的衔接。全面、高效实施临时救助制度。降低法律援助门槛，扩大法律援助范围。社会福利。全面建立针对经济困难高龄、失能老年人的补贴制度，并做好与长期护理保险的衔接。提高城乡社区卫生服务机构为老年人提供医疗保健服务的能力，加快社区居家养老信息网络和服务能力建设，推进医养结合发展。进一步完善孤儿基本生活保障制度，做好困境儿童保障工作，统筹推进未成年人社会保护试点和农村留守儿童关爱保护。全面推进精神障碍患者社区康复服务。社会事务。建立和完善公民婚姻信息数据库，探索开展异地办理婚姻登记工作。完善儿童被收养前寻亲公告程序，全面建立收养能力评估制度。推进基本殡葬公共服务，巩固提高遗体火化率，推行火葬区骨灰和土葬改革区遗体规范、集中节地生态安葬。做好第二次全国地名普查，健全地名管理法规标准，加强地名文化保护，开展多种形式的地名信息化服务。优抚安置。全面落实优抚安置各项制度政策，提升对复员退伍军人、军休人员的优抚安置和服务保障能力。完善优抚政策和优抚对象抚恤优待标准调整机制。将优抚安置对象优先纳入社区、养老、医疗卫生等服务体系，探索建立优抚安置对象社会化服务平台。

▶**保障措施：**

社会救助经办服务体系建设。充分依托现有条件和政府综合服务场所，推动乡镇人民政府和街道办事处设置社会救助经办平台，加强社会救助管理信息系统与居民家庭经济状况核对系统的整合、集成，提升基层社会救助经办服务能力。公共法律服务体系建设。加强法律援助综合服务平台和便民窗口、法律服务中心（站、工作室）、"12348"法律服务热线等基础设施建设，改善服务条件。加强基层普法阵地、人民调解组织、司法鉴定机构建设，健全服务网络。养老服务体系建设。支持主要面向失能、半失能老年人的老年养护院，医养结合设施和社区老人日间照料中心，荣誉军人休养院、光荣院，农村特困人员救助供养服务机构等服务设施建设，增加护理型床位和设施设备。推进无障碍通道、老年人专用服务设施、旧楼加建电梯建设，以及适老化路牌标识、适老化照明改造。积极开展养老护理人员培养培训。搭建养老信息服务网络平台，推广应用便携式体检、紧急呼叫监控等设备。社会福利服务设施建设。结合地区实际，建设一批县级儿童福利设施。依托现有设施资源，试点建设县级未成年人保护设施。支持尚无精神病人福利设施的地市建设一所精神病人福利设施，为特殊困难精神障碍患者提供集中养护服务。殡葬服务设施建设。在火葬区尚无殡仪馆的县（市、区）新建殡仪馆，对已达危房标准、设施设备陈旧的殡仪馆进行改造或改扩建。更新改造已达到强制报废年限或不符合国家环境保护标准的火化炉。试点建设县（市、区）公益性骨灰安放设施。自然灾害救助物资储备体系建设。进一步优化中央救灾物资储备库布局，设区的市级以上人民政府和自然灾害多发、易发地区的县级人民政府应当根据自然灾害特点、居民人口数量和分布等情况，按照布局合理、规模适度的原则，设立救灾物资储备库（点），并视情在多灾易灾乡镇（街道）和城乡社区设置救灾物资储备室。社会工作者队伍建设。实施社会工作专业人才服务贫困地区计划、农村留守人员社会保护计划、城镇流动人口社会融入计划、特殊群体社会关爱计划，推进社会工作者专业化、职业化，力争到 2020 年社会工作专业人才总规模达 145 万人。

（六）《中共中央 国务院关于实施乡村振兴战略的意见》（中发〔2018〕1 号）

加强农村社会保障体系建设。完善统一的城乡居民基本医疗保险制度和大病保险制度，做好农民重特大疾病救助工作。巩固城乡居民医保全国异地就医联网直接结算。完善城乡居民基本养老保险制度，建立城乡居民基本养老保险待遇确定和基础养老金标准正常调整机制。统筹城乡社会救助体系，完善最低生活保障制度，做好农村社会救助兜底工作。将进城落户农业转移人口全部纳入城镇住房保障体系。构建多层次农村养老保障体系，创新多元化照料服务模式。健全农村留守儿童和妇女、老年人以及困境儿童关爱服务体系。加强和改善农村残疾人服务。

（七）中共中央 国务院印发《乡村振兴战略规划（2018—2022 年）》（2018 年 9 月）

加强农村社会保障体系建设。按照兜底线、织密网、建机制的要求，全面建成覆盖全民、城乡统筹、权责清晰、保障适度、可持续的多层次社会保障体系。进一步完善城乡居民基本养老保险制度，加快建立城乡居民基本养老保险待遇确定和基础养老金标准正常调整机制。完善统一的城乡居民基本医疗保险制度和大病保险制度，做好农民重特大疾病救助工作，健全医疗救助与基本医疗保险、城乡居民大病保险及相关保障制度的衔接机制，巩固城乡居民医保全国异地就医联网直接结算。推进低保制度城乡统筹发展，健全低保标准动态调整机制。全面实施特困人员救助供养制度，提升托底保障能力和服务质量。推动各地通过政府购买服务、设置基层公共管理和社会服务岗位、引入社会工作专业人才和志愿者等方式，为农村留守儿童和妇女、老年人以及困境儿童提供关爱服务。加强和改善农村残疾人服务，将残疾人普遍纳入社会保障体系予以保障和扶持。

四、农村养老服务政策

（一）《国务院关于加快发展养老服务业的若干意见》（国发〔2013〕35 号）

健全服务网络。要完善农村养老服务托底的措施，将所有农村"三无"老人全部纳入五保供养范围，适时提高五保供养标准，健全农村五保供养机构功能，使农村五保老人老有所养。在满足农村五保对象集中供养需求的前提下，支持乡镇五保供养机构改善设施条件并向社会开放，提高运营效益，增强护理功能，使之成为区域性养老服务中心。依托行政村、较大自然村，充分利用农家大院等，建设日间照料中心、托老所、老年活动站等互助性养老服务设施。农村党建活动室、卫生室、农家书屋、学校等要支持农村养老服务工作，组织与老年人相关的活动。充分发挥村民自治功能和老年协会作用，督促家庭成员承担赡养责任，组织开展邻里互助、志愿服务，解决周围老年人实际生活困难。

拓宽资金渠道。各地要进一步落实《中华人民共和国老年人权益保障法》有关农村可以将未承包的集体所有的部分土地、山林、水面、滩涂等作为养老基地，收益供老年人养老的要求。鼓励城市资金、资产和资源投向农村养老服务。各级政府用于养老服务的财政性资金应重点向农村倾斜。

建立协作机制。城市公办养老机构要与农村五保供养机构等建立长期稳定的对口支援和合作机制，采取人员培训、技术指导、设备支援等方式，帮助其提高服务能力。建立跨地区养老服务协作机制，鼓励发达地区支援欠发达地区。

（二）《国务院办公厅关于全面放开养老服务市场提升养老服务质量的若干意见》（国办发〔2016〕91号）

提升农村养老服务能力和水平。依托农村社区综合服务设施，拓展养老服务功能。鼓励各地建设农村幸福院等自助式、互助式养老服务设施，加强与农村危房改造等涉农基本住房保障政策的衔接。农村集体经济、农村土地流转等收益分配应充分考虑解决本村老年人的养老问题。加强农村敬老院建设和改造，推动服务设施达标，满足农村特困人员集中供养需求，为农村低收入老年人和失能、半失能老年人提供便捷可及的养老服务。鼓励专业社会工作者、社区工作者、志愿服务者加强对农村留守、困难、鳏寡、独居老年人的关爱保护和心理疏导、咨询等服务。充分依托农村基层党组织、自治组织和社会组织等，开展基层联络人登记，建立应急处置和评估帮扶机制，关注老年人的心理、安全等问题。

（三）国务院关于印发《"十三五"国家老龄事业发展和养老体系建设规划的通知》（国发〔2017〕13号）

加强农村养老服务。推动农村特困人员供养服务机构服务设施和服务质量达标，在保障农村特困人员集中供养需求的前提下，积极为低收入、高龄、独居、残疾、失能农村老年人提供养老服务。通过邻里互助、亲友相助、志愿服务等模式和举办农村幸福院、养老大院等方式，大力发展农村互助养老服务。发挥农村基层党组织、村委会、老年协会等作用，积极培育为老服务社会组织，依托农村社区综合服务中心（站）、综合性文化服务中心、村卫生室、农家书屋、全民健身等设施，为留守、孤寡、独居、贫困、残疾等老年人提供丰富多彩的关爱服务。

（四）中共中央 国务院印发《乡村振兴战略规划（2018—2022 年）》（2018 年 9 月）

提升农村养老服务能力。适应农村人口老龄化加剧形势，加快建立以居家为基础、社区为依托、机构为补充的多层次农村养老服务体系。以乡镇为中心，建立具有综合服务功能、医养相结合的养老机构，与农村基本公共服务、农村特困供养服务、农村互助养老服务相互配合，形成农村基本养老服务网络。提高乡村卫生服务机构为老年人提供医疗保健服务的能力。支持主要面向失能、半失能老年人的农村养老服务设施建设，推进农村幸福院等互助型养老服务发展，建立健全农村留守老年人关爱服务体系。开发农村康养产业项目。鼓励村集体建设用地优先用于发展养老服务。

五、农村就业创业政策

（一）《国务院关于进一步做好新形势下就业创业工作的意见》（国发〔2015〕23 号）

鼓励农村劳动力创业。支持农民工返乡创业，发展农民合作社、家庭农场等新型农业经营主体，落实定向减税和普遍性降费政策。依托现有各类园区等存量资源，整合创建一批农民工返乡创业园，强化财政扶持和金融服务。将农民创业与发展县域经济结合起来，大力发展农产品加工、休闲农业、乡村旅游、农村服务业等劳动密集型产业项目，促进农村一二三产业融合。依托基层就业和社会保障服务设施等公共平台，提供创业指导和服务。鼓励各类企业和社会机构利用现有资源，搭建一批农业创业创新示范基地和见习基地，培训一批农民创业创新辅导员。支持农民网上创业，大力发展"互联网＋"和电子商务，积极组织创新创业农民与企业、小康村、市场和园区对接，推进农村青年创业富民行动。

推进农村劳动力转移就业。结合新型城镇化建设和户籍制度改革，建立健全城乡劳动者平等就业制度，进一步清理针对农民工就业的歧视性规定。完善职业培训、就业服务、劳动维权"三位一体"的工作机制，加强农民工输出输入地劳务对接，特别是对劳动力资源较为丰富的老少边穷地区，充分发挥各类公共就业服务机构和人力资源服务机构作用，积极开展有组织的劳务输出，加强对转移就业农民工的跟踪服务，有针对性地帮助其解决实际困难，推进农村富余劳动力有序外出就业和就地就近转移就业。做好被征地农民就业工作，在制定征地补偿安置方案时，要明确促进被征地农民就业的具体措施。

（二）《国务院办公厅关于完善支持政策促进农民持续增收的若干意见》（国发〔2016〕87号）

完善城乡劳动者平等就业制度。推动形成平等竞争、规范有序、城乡统一的劳动力市场，落实农民工与城镇职工平等就业、同工同酬制度。从严查处克扣、拖欠农民工工资行为。完善覆盖城乡的公共就业服务制度，逐步实现城乡居民公共就业服务均等化。以新生代农民工为重点，实施农民工职业技能提升计划，提高职业培训针对性和有效性。加强农民工输出输入地劳务对接，积极开展有组织的劳务输出。支持农村社区组建农民劳务合作社，开展劳务培训和协作。在制定征地补偿安置方案时，要明确促进被征地农民就业的具体措施。

支持农民创业创新。大力发展农产品加工、休闲农业和乡村旅游、农村服务业等劳动密集型产业项目，推进农村产业融合发展。实施农民工等人员返乡创业培训五年行动计划，支持返乡创业园、返乡创业孵化园（基地）、信息服务平台、实训基地和乡村旅游创客示范基地建设。深入推行科技特派员制度。实施"互联网＋"现代农业行动，大力发展农产品电子商务，提高农村物流水平。提升休闲农业和乡村旅游发展质量，改善公共服务设施条件。推动科技、人文等元素融入农业，积极探索农产品个性化定制服务、会展农业、农业众筹等新型业态。挖掘农村传统工匠技艺，发展一乡一业、一村一品，培育乡村手工艺品和农村土特产品品牌。

（三）《国务院关于印发"十三五"促进就业规划的通知》（国发〔2017〕10号）

拓宽农村劳动力转移就业渠道。建立健全城乡劳动者平等就业制度，引导农村劳动力外出就业、就地就近就业。推进农村劳动力转移就业示范基地建设，结合推进新型城镇化建设，合理引导产业梯度转移，创造更多适合农村劳动力转移就业的机会。加强部分行政村劳动力转移就业监测。

促进农村贫困劳动力转移就业。按照政府推动、市场主导的原则，加强劳务协作，积极促进农村建档立卡贫困人口和非建档立卡的农村低保对象、贫困残疾人中的劳动力稳定就业和转移就业。建立健全劳务输出对接机制，提高劳务输出就业脱贫的组织化程度。输出地要摸清底数，准确掌握建档立卡贫困人口和非建档立卡的农村低保对象、贫困残疾人中有就业意愿和劳动能力的未就业人员以及已就业人员基本情况，因人因需提供技能培训和就业服务。输入地要动员企业参与，实现人岗对接，保障稳定就业。引导金融机构创新金融服务体制机制，积极开展扶贫小额信贷、助学贷款、易地扶贫搬迁贷款等业务，支持贫困人口通过发展生产实现就业创业。依据建档立卡贫困人口和非建档立卡的农村低保对象、贫困残疾人信息数据精准识别帮扶对象，建立台账，制订计划，实施"春潮行动"、技能脱贫千校行动。

（四）《国务院关于推动创新创业高质量发展打造"双创"升级版的意见》（国发〔2018〕32号）

优化服务便利创新创业。加快建立全国一体化政务服务平台，建立完善国家数据共享交换平台体系，推行数据共享责任清单制度，推动数据共享应用典型案例经验复制推广。在市县一级建立农村创新创业信息服务窗口。完善适应新就业形态的用工和社会保险制度，加快建设"网上社保"。积极落实产业用地政策，深入推进城镇低效用地再开发，健全建设用地"增存挂钩"机制，优化用地结构，盘活存量、闲置土地用于创新创业。

健全农民工返乡创业服务体系。深入推进农民工返乡创业试点工作，推出一批农民工返乡创业示范县和农村创新创业典型县。进一步发挥创业担保贷款政策的作用，鼓励金融机构按照市场化、商业可持续原则对农村"双创"园区（基地）和公共服务平台等提供金融服务。安排一定比例年度土地利用计划，专项支持农村新产业新业态和产业融合发展。

六、农村"三留守"关爱服务和农民工社会保障政策

（一）《国务院关于进一步做好为农民工服务工作的意见》（国发〔2014〕40号）

实施农民工职业技能提升计划。加大农民工职业培训工作力度，对农村转移就业劳动者开展就业技能培训，对农村未升学初高中毕业生开展劳动预备制培训，对在岗农民工开展岗位技能提升培训，对具备中级以上职业技能的农民工开展高技能人才培训，将农民工纳入终身职业培训体系。加强农民工职业培训工作的统筹管理，制定农民工培训综合计划，相关部门按分工组织实施。加大培训资金投入，合理确定培训补贴标准，落实职业技能鉴定补贴政策。改进培训补贴方式，重点开展订单式培训、定向培训、企业定岗培训，面向市场确定培训职业（工种），形成培训机构平等竞争、农民工自主参加培训、政府购买服务的机制。鼓励企业组织农民工

进行培训，符合相关规定的，对企业给予培训补贴。鼓励大中型企业联合技工院校、职业院校，建设一批农民工实训基地。将国家通用语言纳入对少数民族农民工培训的内容。

加快发展农村新成长劳动力职业教育。努力实现未升入普通高中、普通高等院校的农村应届初高中毕业生都能接受职业教育。全面落实中等职业教育农村学生免学费政策和家庭经济困难学生资助政策。鼓励各地根据需要改扩建符合标准的主要面向农村招生的职业院校、技工院校，支持没有职业院校或技工院校的边远地区各市（地、州、盟）因地制宜建立主要面向农村招生的职业院校或技工院校。加强职业教育教师队伍建设，创新办学模式，提高教育质量。积极推进学历证书、职业资格证书双证书制度。

完善和落实促进农民工就业创业的政策。引导农民工有序外出就业、鼓励农民工就地就近转移就业、扶持农民工返乡创业。进一步清理针对农民工就业的户籍限制等歧视性规定，保障城乡劳动者平等就业权利。实现就业信息全国联网，为农民工提供免费的就业信息服务。完善城乡均等的公共就业服务体系，有针对性地为农民工提供政策咨询、职业指导、职业介绍等公共就业服务。加强农民工输出输入地劳务对接，输出地可在本地农民工相对集中的输入地设立服务工作站点，输入地应给予支持。组织开展农民工就业服务"春风行动"，加强农村劳动力转移就业工作示范县建设。大力发展服务业特别是家庭服务业和中小微企业，开发适合农民工的就业岗位，建设减免收费的农贸市场和餐饮摊位，满足市民生活需求和促进农民工就业。积极支持农产品产地初加工、休闲农业发展，引导有市场、有效益的劳动密集型产业优先向中西部转移，吸纳从东部返乡和就近转移的农民工就业。将农民工纳入创业政策扶持范围，运用财政支持、创业投资引导和创业培训、政策性金融服务、小额担保贷款和贴息、生产经营场地和创业孵化基地等扶持政策，促进农民工创业。做好老少边穷地区、牧区、库区、渔区农牧渔民转移就业工作和农民工境外就业服务工作。

扩大农民工参加城镇社会保险覆盖面。依法将与用人单位建立稳定劳动关系的农民工纳入城镇职工基本养老保险和基本医疗保险，研究完善灵活就业农民工参加基本养老保险政策，灵活就业农民工可以参加当地城镇居民基本医疗保险。完善社会保险关系转移接续政策。努力实现用人单位的农民工全部参加工伤保险，着力解决未参保用人单位的农民工工伤保险待遇保障问题。推动农民工与城镇职工平等参加失业保险、生育保险并平等享受待遇。对劳务派遣单位或用工单位侵害被派遣农民工社会保险权益的，依法追究连带责任。实施"全民参保登记计划"，推进农民工等群体依法全面持续参加社会保险。整合各项社会保险经办管理资源，优化经办业务流程，增强对农民工的社会保险服务能力。

逐步推动农民工平等享受城镇基本公共服务。深化基本公共服务供给制度改革，积极推进城镇基本公共服务由主要对本地户籍人口提供向对常住人口提供转变，努力实现城镇基本公共服务覆盖在城镇常住的农民工及其随迁家属，使其逐步平等享受市民权利。各地区、各有关部门要逐步按照常住人口配置基本公共服务资源，明确农民工及其随迁家属可以享受的基本公共服务项目，并不断提高综合承载能力、扩大项目范围。农民工及其随迁家属在输入地城镇未落户的，依法申领居住证，持居住证享受规定的基本公共服务。在农民工输入相对集中的城市，主要依托社区综合服务设施、劳动就业社会保障服务平台等现有资源，建立农民工综合服务平台，整合各部门公共服务资源，为农民工提供便捷、高效、优质的"一站式"综合服务。

保障农民工随迁子女平等接受教育的权利。输入地政府要将符合规定条件的农民工随迁子女教育纳入教育发展规划，合理规划学校布局，科学核定公办学校教师编制，加大公办学校教育经费投入，保障农民工随迁子女平等接受义务教育权利。公办义务教育学校要普遍对农民工随迁子女开放，与城镇户籍学生混合编班，统一管理。积极创造条件着力满足农民工随迁子女接受普惠性学前教育的需求。对在公益性民办学校、普惠性民办幼儿园接受义务教育、学前教育的，采取政府购买服务等方式落实支持经费，指导和帮助学校、幼儿园提高教育质量。各地要进一步完善和落实好符合条件的农民工随迁子女接受义务教育后在输入地参加中考、高考的政策。开展关爱流动儿童活动。

加强农民工医疗卫生和计划生育服务工作。继续实施国家免疫规划，保障农民工适龄随迁子女平等享受预防接种服务。加强农民工聚居地的疾病监测、疫情处置和突发公共卫生事件应对，强化农民工健康教育、妇幼健康和精神卫生工作。加强农民工艾滋病、结核病、血吸虫病等重大疾病防治工作，落实"四免一关怀"等相关政策。完善社区卫生计生服务网络，将农民工纳入服务范围。鼓励有条件的地方将符合条件的农民工及其随迁家属纳入当地医疗救助范围。巩固完善流动人口计划生育服务管理全国"一盘棋"工作机制，加强考核评估，落实输入地和输出地责任。开展流动人口卫生计生动态监测和"关怀关爱"活动。

逐步改善农民工居住条件。统筹规划城镇常住人口规模和建设用地面积，将解决农民工住房问题纳入住房发展规划。支持增加中小户型普通商品住房供给，规范房屋租赁市场，积极支持符合条件的农民工购买或租赁商品住房，并按规定享受购房契税和印花税等优惠政策。完善住房保障制度，将符合条件的农民工纳入住房保障实施范围。加强城中村、棚户区环境整治和综合管理服务，使居住其中的农民工住宿条件得到改善。农民工集中的开发区、产业园区可以按照集约用地的原则，集中建设宿舍型或单元型小户型公共租赁住房，面向用人单位或农民工出租。允许农民工数量较多的企业在符合规划和规定标准的用地规模范围内，利用企业办公及生活服务设施用地建设农民工集体宿舍，督促和指导建设施工企业改善农民工住宿条件。逐步将在城镇稳定就业的农民工纳入住房公积金制度实施范围。

有序推进农民工在城镇落户。进一步推进户籍制度改革，实施差别化落户政策，促进有条件有意愿、在城镇有稳定就业和住所（含租赁）的农民工及其随迁家属在城镇有序落户并依法平等享受城镇公共服务。各类城镇要根据国家户籍制度改革的部署，统筹考虑本地区综合承载能力和发展潜力，以就业年限、居住年限、城镇社会保险参保年限等为基准条件，制定具体落户标准，向社会公布。

（二）《国务院关于加强农村留守儿童关爱保护工作的意见》（国发〔2016〕13号）

完善农村留守儿童关爱服务体系。强化家庭监护主体责任。落实县、乡镇人民政府和村（居）民委员会职责。加大教育部门和学校关爱保护力度。发挥群团组织关爱服务优势。推动社会力量积极参与。

建立健全农村留守儿童救助保护机制。建立强制报告机制。完善应急处置机制。健全评估帮扶机制。强化监护干预机制。

七、农村公共基础设施建设政策

（一）《国务院办公厅关于加快推进广播电视村村通向户户通升级工作的通知》（国办发〔2016〕20号）

1. 主要任务

全面实现数字广播电视覆盖接收。按照"技术先进、安全可靠、经济可行、保证长效"的原则，兼顾考虑补充覆盖和安全备份的需要，由省级人民政府统筹确定本地区无线、有线、卫星三种技术方式的覆盖方案，因地制宜、因户制宜推进数字广播电视覆盖和

入户接收。在有条件的农村鼓励采取有线光缆联网方式，在有线电视未通达的农村地区鼓励群众自愿选择直播卫星、地面数字电视或"直播卫星＋地面数字电视"等方式。坚持统一规划、统一标准、统一组织，在统筹频率、标准、网络建设的前提下，推进完成中央广播电视节目的无线数字化覆盖；支持以中国广播电视网络有限公司为主体加快全国有线电视网络整合，尽快实现有线网络互联互通和"全国一张网"；支持直播卫星平台扩容提升公共服务支撑能力，支持地域广阔、传统覆盖手段不足的偏远地区省、市广播电视节目通过直播卫星传输，定向覆盖本省、市行政区域，更好满足群众收听收看贴近性强的广播电视节目的需求。

充分保障基本公共服务。按照国家基本公共文化服务指导标准（2015—2020年），确保通过无线（数字）提供不少于15套电视节目和不少于15套广播节目，通过无线（模拟）提供不少于5套电视节目和不少于6套广播节目；通过直播卫星提供25套电视节目和不少于17套广播节目；有线广播电视在由模拟向数字整体转换过程中，保留一定数量的模拟电视节目供用户选择观看，有条件的地区可确定一定数量的数字电视节目作为基本公共服务项目。中央和各地开办的民族语综合类广播电视节目，应分别纳入相应公共服务保障范围。广播电视播出机构要加强与政府相关部门的合作，开办合办科技致富、农林养殖、知识普及、法治建设、卫生防疫、运动健身、防灾减灾、水利气象、文化娱乐等贴近基层群众需要的服务性广播电视栏目节目，并逐步增加播出时间。

加快建设全国应急广播体系。按照"统一联动、安全可靠、快速高效、平战结合"的原则，统筹利用现有广播电视资源，加快建立中央和地方各级应急广播制作播发和调度控制平台，与国家突发事件预警信息发布系统连接。升级改造传输覆盖网络，布置应急广播终端，健全应急信息采集发布机制，形成中央、省、市、县四级统一协调、上下贯通、可管可控、综合覆盖的全国应急广播体系，向城乡居民提供灾害预警应急广播和政务信息发布、政策宣讲服务。

大力提升基础设施支撑保障能力。按照广播电视工程建设标准和相关技术标准，加快推进县级及以上无线发射台（转播台、监测台、卫星地球站）等基础设施建设，满足广播电视安全播出和监测监管需要；加强基层广播电视播出机构基础设施和服务能力建设，提升公共服务保障能力。在推进基层综合性文化服务设施建设时，充分考虑农村广播室、广播电视设施设备维修维护网点需求。充分利用现有基础设施，加强有线电视骨干网和前端机房建设，采用超高速智能光纤传输和同轴电缆传输技术，加快下一代广播电视网建设，提高融合业务承载能力。

引导培育个性化市场服务。鼓励各地在基本公共服务节目基础上，通过政策引导、市场运作等多种手段增加公益节目、付费节目和其他增值服务。鼓励广电、电信企业及其他内容服务企业，以宽带网络建设、内容业务创新推广、用户普及应用为重点，开展智慧城市、智慧乡村、智慧家庭建设，发展高清电视、移动多媒体广播电视、交互式网络电视（IPTV）、手机电视、数字广播、回看点播、电视院线、宽带服务、网络电商等新兴业务和服务，满足群众多样化、多层次文化信息需求，促进文化信息消费，带动关键设备、软件、系统的产业化，催生新的经济增长点。

深入推进长效机制建设。加快建立政府主导、社会化发展的广播电视公共服务长效机制，逐步形成"县级及以上有机构管理、乡镇有网点支撑、村组有专人负责、用户合理负担"的公共服务长效运行维护体系。采取政府购买、项目补贴、定向资助、贷款贴息等政策措施，支持各类社会组织和机构参与广播电视公共服务。依托基层综合性文化服务中心，整合基层广播电视公共服务资源，推进广播电视户户通，提供应急广播、广播电视器材设备维修等服务。规范有线电视企业、直播卫星接收设备专营服务企业运营服务行为，组织开展运营服务质量评价，促进服务水平不断提升。

2. 政策保障

加大资金投入。按照分级负责原则，中央和地方各级人民政府分别负责本级无线发射台（站）、转播台（站）、监测台（站）等广播电视公共设施和机构的建设改造和运行维护资金，中央财政通过现有渠道安排转移支付资金，对地方按有关规定转播中央广播电视节目予以适当补助，支持地方统筹推进包括广播电视户户通在内的公共文化服务体系建设。

完善支持政策。稳妥开展直播卫星除基本公共服务节目外其他增值服务的市场化运营试点，在满足用户基本收视需求的基础上提供更丰富的节目选择，并处理好基本公共服务与增值服务的关系。在国家广播电视机构控股 51％以上的前提下，鼓励其他国有、集体、非公有资本投资参股县级以下新建有线电视分配网和有线电视接收端数字化改造。鼓励广电、电信企业参与农村宽带建设和运行维护，鼓励建设农村信息化综合服务平台。城乡规划建设要为广播电视网预留所需的管廊通道及场地、机房、电力设施等，网络入廊收费标准可适当给予优惠。加大政府向社会购买服务力度，鼓励社会机构参与公益性广播电视节目制作、公益性广播电视专用设施设备维修维护等，有条件的地方可根据实际情况，向特殊群体提供有线电视免费或低收费服务。

（二）《国务院办公厅关于创新农村基础设施投融资体制机制的指导意见》（国办发〔2017〕17 号）

健全分级分类投入体制。明确各级政府事权和投入责任，构建事权清晰、权责一致、中央支持、省级统筹、县级负责的农村基础设施投入体系。对农村道路等没有收益的基础设施，建设投入以政府为主，鼓励社会资本和农民参与。对农村供水、污水垃圾处理等有一定收益的基础设施，建设投入以政府和社会资本为主，积极引导农民投入。对农村供电、电信等以经营性为主的基础设施，建设投入以企业为主，政府对贫困地区和重点区域给予补助。

完善财政投入稳定增长机制。优先保障财政对农业农村的投入，相应支出列入各级财政预算，坚持把农业农村作为国家固定资产投资的重点领域，确保力度不减弱、总量有增加。统筹政府土地出让收益等各类资金，支持农村基础设施建设。支持地方政府以规划为依据，整合不同渠道下达但建设内容相近的资金，形成合力。

创新政府投资支持方式。发挥政府投资的引导和撬动作用，采取直接投资、投资补助、资本金注入、财政贴息、以奖代补、先建后补、无偿提供建筑材料等多种方式支持农村基础设施建设。鼓励地方政府和社会资本设立农村基础设施建设投资基金。建立规范的地方政府举债融资机制，推动地方融资平台转型改制和市场化融资，重点向农村基础设施建设倾斜。允许地方政府发行一般债券支持农村道路建设，发行专项债券支持农村供水、污水垃圾处理设施建设，探索发行县级农村基础设施建设项目集合债。支持符合条件的企业发行企业债券，用于农村供电、电信设施建设。鼓励地方政府通过财政拨款、特许或委托经营等渠道筹措资金，设立不向社会征收的政府性农村基础设施维修养护基金。鼓励有条件的地区将农村基础设施与产业、园区、乡村旅游等进行捆绑，实行一体化开发和建设，实现相互促进、互利共赢。

建立政府和社会资本合作机制。支持各地通过政府和社会资本合作模式，引导社会资本投向农村基础设施领域。鼓励按照"公益性项目、市场化运作"理念，大力推进政府购买服务，创新农村基础设施建设和运营模式。支持地方政府将农村基础设施项目整体打包，提高收益能力，并建立运营补偿机制，保障社会资本获得合理投资回报。对农村基础设施项目在用电、用地等方面优先保障。

充分调动农民参与积极性。尊重农民主体地位，加强宣传教育，发挥其在农村基础设施决策、投入、建设、管护等方面作用。

完善村民一事一议制度，合理确定筹资筹劳限额，加大财政奖补力度。鼓励农民和农村集体经济组织自主筹资筹劳开展村内基础设施建设。推行农村基础设施建设项目公示制度，发挥村民理事会、新型农业经营主体等监督作用。

加大金融支持力度。政策性银行和开发性金融机构要结合各自职能定位和业务范围，强化对农村基础设施建设的支持。鼓励商业银行加大农村基础设施信贷投放力度，改善农村金融服务。发挥农业银行面向三农、商业运作的优势，加大对农村基础设施的支持力度。支持银行业金融机构开展收费权、特许经营权等担保创新类贷款业务。完善涉农贷款财政奖励补助政策，支持收益较好、能够市场化运作的农村基础设施重点项目开展股权和债权融资。建立并规范发展融资担保、保险等多种形式的增信机制，提高各类投资建设主体的融资能力。加快推进农村信用体系建设。鼓励利用国际金融组织和外国政府贷款建设农村基础设施。

强化国有企业社会责任。切实发挥输配电企业、基础电信运营企业的主体作用，加大对农村电网改造升级、电信设施建设的投入力度。鼓励其他领域的国有企业拓展农村基础设施建设业务，支持中央企业和地方国有企业通过帮扶援建等方式参与农村基础设施建设。

引导社会各界积极援建。鼓励企业、社会组织、个人通过捐资捐物、结对帮扶、包村包项目等形式，支持农村基础设施建设和运行管护。引导国内外机构、基金会、社会团体和各界人士依托公益捐助平台，为农村基础设施建设筹资筹物。落实企业和个人公益性捐赠所得税税前扣除政策。进一步推进东西部扶贫协作，支持贫困地区农村基础设施建设。

理顺农村污水垃圾处理管理体制。探索建立农村污水垃圾处理统一管理体制，切实解决多头管理问题。鼓励实施城乡生活污水"统一规划、统一建设、统一运行、统一管理"集中处理与农村污水"分户、联户、村组"分散处理相结合的模式，推动农村垃圾分类和资源化利用，完善农村垃圾"户分类、村组收集、乡镇转运、市县处理"集中处置与"户分类、村组收集、乡镇（或村）就地处理"分散处置相结合的模式，推广建立村庄保洁制度。推进建立统一的农村人居环境建设管理信息化平台，促进相关资源统筹利用。

探索建立污水垃圾处理农户缴费制度。鼓励先行先试，在有条件的地区实行污水垃圾处理农户缴费制度，保障运营单位获得合理收益，综合考虑污染防治形势、经济社会承受能力、农村居民意愿等因素，合理确定缴费水平和标准，建立财政补贴与农户缴费合理分摊机制。完善农村污水垃圾处理费用调整机制，建立上下游价格调整联动机制，价格调整不到位时，地方政府和具备条件的村集体可根据实际情况对运营单位给予合理补偿。

（三）《国务院办公厅关于印发兴边富民行动"十三五"规划的通知》（国办发〔2017〕50 号）

大力改善边境农村交通状况。继续实施沿边地区特别是边境建制村农村公路通达工程和通畅工程，支持一定人口规模的自然村通硬化路建设，优先解决撤并建制村通硬化路。加强危桥改造、安保工程、县乡公路改造、窄路基路面公路拓宽改造、县级客运站、乡镇客运站、渡口改造等重点工程建设。

推进边境地区水利建设。支持边境地区开展农村饮水安全巩固提升工程、农田水利工程、防洪抗旱减灾工程、水资源开发利用工程、水资源保护工程、水土保持和农村水电工程等民生水利工程建设。继续实施并加快推进一批重点水源工程，不断提高边境地区水资源调蓄能力和供水保障能力。在边境地区优先完成大中型灌区续建配套与节水改造，重点支持农田高效节水灌溉工程，加快实施区域规模化高效节水灌溉工程，以田间渠系配套、"五小水利"工程、农村河塘清淤整治为重点，加强小型农田水利设施建设。安排和支

持边境地区中小河流治理、病险水库水闸除险加固等水利建设项目，科学有序推进跨国界河流治理工程建设。加强边境地区山洪灾害防治力度，完善山洪灾害监测预警系统，开展重点山洪沟防洪治理。

加快边境地区能源建设步伐。大力推进油气战略通道建设，稳步推进边境地区与周边国家的电力基础设施合作。在保护生态前提下，积极稳妥开发建设水电，因地制宜发展太阳能光伏发电和风力发电，支持离网缺电贫困地区小水电开发，研究建立水电开发边民共享利益机制。以边境地区小城镇、中心村为重点，深入实施新一轮农村电网改造升级工程，提升边境地区电力普遍服务水平。力争到 2020 年，电网覆盖全部边境县并达到小康电水平。

加强边境地区信息基础设施建设。加快完善边境政务信息网络平台，支持电子政务、电子商务、远程教育、远程医疗、网络安全、社会信用体系等重大信息化工程和网络与信息安全设施建设，加快城市光纤宽带接入，完善农村综合信息服务体系，加快推进信息进村入户，实现行政村通宽带、20 户以上自然村和重要交通沿线通信信号覆盖、边境地区农村广播电视和信息网络全覆盖。加强边境地区无线电管理技术设施建设，强化与周边国家通信互联互通和无线电频率协调，加快推进边境地区信息网络设施建设，加强边境地区网络与信息安全管理和网络与信息安全技术手段建设，强化信息网络安全与应急保障能力。继续推进兴边富民行动测绘地理信息保障工程，加强边境地区基础性和专题性地理国情监测，为兴边富民行动提供决策依据，为相关重大工程实施提供监管手段。

加强边境地区新闻出版广播电视基础设施建设。全面提升边境地区新闻出版发行网点建设水平和广播电视节目传输覆盖能力，提高新闻出版广播影视内容生产和译制能力，加强少数民族广播影视节目译制和制作，加快推进广播电视村村通向户户通升级。

（四）《中共中央 国务院关于实施乡村振兴战略的意见》（中发〔2018〕1号）

推动农村基础设施提挡升级。继续把基础设施建设重点放在农村，加快农村公路、供水、供气、环保、电网、物流、信息、广播电视等基础设施建设，推动城乡基础设施互联互通。以示范县为载体全面推进"四好农村路"建设，加快实施通村组硬化路建设。加大成品油消费税转移支付资金用于农村公路养护力度。推进节水供水重大水利工程，实施农村饮水安全巩固提升工程。加快新一轮农村电网改造升级，制定农村通动力电规划，推进农村可再生能源开发利用。实施数字乡村战略，做好整体规划设计，加快农村地区宽带网络和第四代移动通信网络覆盖步伐，开发适应"三农"特点的信息技术、产品、应用和服务，推动远程医疗、远程教育等应用普及，弥合城乡数字鸿沟。提升气象为农服务能力。加强农村防灾减灾救灾能力建设。抓紧研究提出深化农村公共基础设施管护体制改革指导意见。

（五）中共中央 国务院印发《乡村振兴战略规划（2018—2022年）》（2018年9月）

改善农村交通物流设施条件。以示范县为载体全面推进"四好农村路"建设，深化农村公路管理养护体制改革，健全管理养护长效机制，完善安全防护设施，保障农村地区基本出行条件。推动城市公共交通线路向城市周边延伸，鼓励发展镇村公交，实现具备条件的建制村全部通客车。加大对革命老区、民族地区、边疆地区、贫困地区铁路公益性运输的支持力度，继续开好"慢火车"。加快构建农村物流基础设施骨干网络，鼓励商贸、邮政、快递、供销、运输等企业加大在农村地区的设施网络布局。加快完善农村物流基础设施末端网络，鼓励有条件的地区建设面向农村地区的共同配送

中心。

加强农村水利基础设施网络建设。构建大中小微结合、骨干和田间衔接、长期发挥效益的农村水利基础设施网络，着力提高节水供水和防洪减灾能力。科学有序推进重大水利工程建设，加强灾后水利薄弱环节建设，统筹推进中小型水源工程和抗旱应急能力建设。巩固提升农村饮水安全保障水平，开展大中型灌区续建配套节水改造与现代化建设，有序新建一批节水型、生态型灌区，实施大中型灌排泵站更新改造。推进小型农田水利设施达标提质，实施水系连通和河塘清淤整治等工程建设。推进智慧水利建设。深化农村水利工程产权制度与管理体制改革，健全基层水利服务体系，促进工程长期良性运行。

构建农村现代能源体系。优化农村能源供给结构，大力发展太阳能、浅层地热能、生物质能等，因地制宜开发利用水能和风能。完善农村能源基础设施网络，加快新一轮农村电网升级改造，推动供气设施向农村延伸。加快推进生物质热电联产、生物质供热、规模化生物质天然气和规模化大型沼气等燃料清洁化工程。推进农村能源消费升级，大幅提高电能在农村能源消费中的比重，加快实施北方农村地区冬季清洁取暖，积极稳妥推进散煤替代。推广农村绿色节能建筑和农用节能技术、产品。大力发展"互联网＋"智慧能源，探索建设农村能源革命示范区。

夯实乡村信息化基础。深化电信普遍服务，加快农村地区宽带网络和第四代移动通信网络覆盖步伐。实施新一代信息基础设施建设工程。实施数字乡村战略，加快物联网、地理信息、智能设备等现代信息技术与农村生产生活的全面深度融合，深化农业农村大数据创新应用，推广远程教育、远程医疗、金融服务进村等信息服务，建立空间化、智能化的新型农村统计信息系统。在乡村信息化基础设施建设过程中，同步规划、同步建设、同步实施网络安全工作。

（六）《国务院办公厅关于保持基础设施领域补短板力度的指导意见》（国办发〔2018〕101号）

脱贫攻坚领域。深入推进易地扶贫搬迁工程，大力实施以工代赈，加强贫困地区特别是"三区三州"等深度贫困地区基础设施和基本公共服务设施建设。大力支持革命老区、民族地区、边疆地区和资源枯竭、产业衰退地区加快发展。

农业农村领域。大力实施乡村振兴战略，统筹加大高标准农田、特色农产品优势区、畜禽粪污资源化利用等农业基础设施建设力度，促进提升农业综合生产能力。持续推进农村产业融合发展。扎实推进农村人居环境整治三年行动，支持农村改厕工作，促进农村生活垃圾和污水处理设施建设，推进村庄综合建设。

社会民生领域。支持教育、医疗卫生、文化、体育、养老、婴幼儿托育等设施建设，进一步推进基本公共服务均等化。推进保障性安居工程和城镇公共设施、城市排水防涝设施建设。加快推进"最后一公里"水电气路邮建设。

八、改善农村人居环境政策

（一）党的十九大报告

坚持人与自然和谐共生。建设生态文明是中华民族永续发展的千年大计。必须树立和践行绿水青山就是金山银山的理念，坚持节约资源和保护环境的基本国策，像对待生命一样对待生态环境，统筹山水林田湖草系统治理，实行最严格的生态环境保护制度，形成绿色发展方式和生活方式，坚定走生产发展、生活富裕、生态良好的文明发展道路，建设美丽中国，为人民创造良好生产生活环境，为全球生态安全作出贡献。

着力解决突出环境问题。坚持全民共治、源头防治，持续实施

大气污染防治行动，打赢蓝天保卫战。加快水污染防治，实施流域环境和近岸海域综合治理。强化土壤污染管控和修复，加强农业面源污染防治，开展农村人居环境整治行动。加强固体废弃物和垃圾处置。提高污染排放标准，强化排污者责任，健全环保信用评价、信息强制性披露、严惩重罚等制度。构建政府为主导、企业为主体、社会组织和公众共同参与的环境治理体系。积极参与全球环境治理，落实减排承诺。

（二）《中共中央 国务院关于实施乡村振兴战略的意见》（中发〔2018〕1 号）

持续改善农村人居环境。实施农村人居环境整治三年行动计划，以农村垃圾、污水治理和村容村貌提升为主攻方向，整合各种资源，强化各种举措，稳步有序推进农村人居环境突出问题治理。坚持不懈推进农村"厕所革命"，大力开展农村户用卫生厕所建设和改造，同步实施粪污治理，加快实现农村无害化卫生厕所全覆盖，努力补齐影响农民群众生活品质的短板。总结推广适用不同地区的农村污水治理模式，加强技术支撑和指导。深入推进农村环境综合整治。推进北方地区农村散煤替代，有条件的地方有序推进煤改气、煤改电和新能源利用。逐步建立农村低收入群体安全住房保障机制。强化新建农房规划管控，加强"空心村"服务管理和改造。保护保留乡村风貌，开展田园建筑示范，培养乡村传统建筑名匠。实施乡村绿化行动，全面保护古树名木。持续推进宜居宜业的美丽乡村建设。

（三）中共中央办公厅 国务院办公厅印发《农村人居环境整治三年行动方案》（中办发〔2018〕5 号）

推进农村生活垃圾治理。统筹考虑生活垃圾和农业生产废弃物利用、处理，建立健全符合农村实际、方式多样的生活垃圾收运处置体系。有条件的地区要推行适合农村特点的垃圾就地分类和资源化利用方式。开展非正规垃圾堆放点排查整治，重点整治垃圾山、垃圾围村、垃圾围坝、工业污染"上山下乡"。

开展厕所粪污治理。合理选择改厕模式，推进厕所革命。东部地区、中西部城市近郊区以及其他环境容量较小地区村庄，加快推进户用卫生厕所建设和改造，同步实施厕所粪污治理。其他地区要按照群众接受、经济适用、维护方便、不污染公共水体的要求，普及不同水平的卫生厕所。引导农村新建住房配套建设无害化卫生厕所，人口规模较大村庄配套建设公共厕所。加强改厕与农村生活污水治理的有效衔接。鼓励各地结合实际，将厕所粪污、畜禽养殖废弃物一并处理并资源化利用。

梯次推进农村生活污水治理。根据农村不同区位条件、村庄人口聚集程度、污水产生规模，因地制宜采用污染治理与资源利用相结合、工程措施与生态措施相结合、集中与分散相结合的建设模式和处理工艺。推动城镇污水管网向周边村庄延伸覆盖。积极推广低成本、低能耗、易维护、高效率的污水处理技术，鼓励采用生态处理工艺。加强生活污水源头减量和尾水回收利用。以房前屋后河塘沟渠为重点实施清淤疏浚，采取综合措施恢复水生态，逐步消除农村黑臭水体。将农村水环境治理纳入河长制、湖长制管理。

提升村容村貌。加快推进通村组道路、入户道路建设，基本解决村内道路泥泞、村民出行不便等问题。充分利用本地资源，因地制宜选择路面材料。整治公共空间和庭院环境，消除私搭乱建、乱堆乱放。大力提升农村建筑风貌，突出乡土特色和地域民族特点。加大传统村落民居和历史文化名村名镇保护力度，弘扬传统农耕文化，提升田园风光品质。推进村庄绿化，充分利用闲置土地组织开展植树造林、湿地恢复等活动，建设绿色生态村庄。完善村庄公共照明设施。深入开展城乡环境卫生整洁行动，推进卫生县城、卫生乡镇等卫生创建工作。

加强村庄规划管理。全面完成县域乡村建设规划编制或修编，与县乡土地利用总体规划、土地整治规划、村土地利用规划、农村社区建设规划等充分衔接，鼓励推行多规合一。推进实用性村庄规划编制实施，做到农房建设有规划管理、行政村有村庄整治安排、生产生活空间合理分离，优化村庄功能布局，实现村庄规划管理基本覆盖。推行政府组织领导、村委会发挥主体作用、技术单位指导的村庄规划编制机制。村庄规划的主要内容应纳入村规民约。加强乡村建设规划许可管理，建立健全违法用地和建设查处机制。

完善建设和管护机制。明确地方党委和政府以及有关部门、运行管理单位责任，基本建立有制度、有标准、有队伍、有经费、有督查的村庄人居环境管护长效机制。鼓励专业化、市场化建设和运行管护，有条件的地区推行城乡垃圾污水处理统一规划、统一建设、统一运行、统一管理。推行环境治理依效付费制度，健全服务绩效评价考核机制。鼓励有条件的地区探索建立垃圾污水处理农户付费制度，完善财政补贴和农户付费合理分担机制。支持村级组织和农村"工匠"带头人等承接村内环境整治、村内道路、植树造林等小型涉农工程项目。组织开展专业化培训，把当地村民培养成为村内公益性基础设施运行维护的重要力量。简化农村人居环境整治建设项目审批和招投标程序，降低建设成本，确保工程质量。

（四）中共中央 国务院印发《乡村振兴战略规划（2018—2022年）》（2018年9月）

持续改善农村人居环境。以建设美丽宜居村庄为导向，以农村垃圾、污水治理和村容村貌提升为主攻方向，开展农村人居环境整治行动，全面提升农村人居环境质量。

1. 加快补齐突出短板

推进农村生活垃圾治理，建立健全符合农村实际、方式多样的生活垃圾收运处置体系，有条件的地区推行垃圾就地分类和资源化利用。开展非正规垃圾堆放点排查整治。实施"厕所革命"，结合各地实际普及不同类型的卫生厕所，推进厕所粪污无害化处理和资源化利用。梯次推进农村生活污水治理，有条件的地区推动城镇污水管网向周边村庄延伸覆盖。逐步消除农村黑臭水体，加强农村饮用水水源地保护。

2. 着力提升村容村貌

科学规划村庄建筑布局，大力提升农房设计水平，突出乡土特色和地域民族特点。加快推进通村组道路、入户道路建设，基本解决村内道路泥泞、村民出行不便等问题。全面推进乡村绿化，建设具有乡村特色的绿化景观。完善村庄公共照明设施。整治公共空间和庭院环境，消除私搭乱建、乱堆乱放。继续推进城乡环境卫生整洁行动，加大卫生乡镇创建工作力度。鼓励具备条件的地区集中连片建设生态宜居的美丽乡村，综合提升田水路林村风貌，促进村庄形态与自然环境相得益彰。

3. 建立健全整治长效机制

全面完成县域乡村建设规划编制或修编，推进实用性村庄规划编制实施，加强乡村建设规划许可管理。建立农村人居环境建设和管护长效机制，发挥村民主体作用，鼓励专业化、市场化建设和运行管护。推行环境治理依效付费制度，健全服务绩效评价考核机制。探索建立垃圾污水处理农户付费制度，完善财政补贴和农户付费合理分担机制。依法简化农村人居环境整治建设项目审批程序和招投标程序。完善农村人居环境标准体系。

九、农村精神文明和农村文化发展政策

（一）《中共中央 国务院关于实施乡村振兴战略的意见》（中发〔2018〕1号）

加强农村思想道德建设。以社会主义核心价值观为引领，坚持教育引导、实践养成、制度保障三管齐下，采取符合农村特点的有效方式，深化中国特色社会主义和中国梦宣传教育，大力弘扬民族精神和时代精神。加强爱国主义、集体主义、社会主义教育，深化民族团结进步教育，加强农村思想文化阵地建设。深入实施公民道德建设工程，挖掘农村传统道德教育资源，推进社会公德、职业道德、家庭美德、个人品德建设。推进诚信建设，强化农民的社会责任意识、规则意识、集体意识、主人翁意识。

传承发展提升农村优秀传统文化。立足乡村文明，吸取城市文明及外来文化优秀成果，在保护传承的基础上，创造性转化、创新性发展，不断赋予时代内涵、丰富表现形式。切实保护好优秀农耕文化遗产，推动优秀农耕文化遗产合理适度利用。深入挖掘农耕文化蕴含的优秀思想观念、人文精神、道德规范，充分发挥其在凝聚人心、教化群众、淳化民风中的重要作用。划定乡村建设的历史文化保护线，保护好文物古迹、传统村落、民族村寨、传统建筑、农业遗迹、灌溉工程遗产。支持农村地区优秀戏曲曲艺、少数民族文化、民间文化等传承发展。

加强农村公共文化建设。按照有标准、有网络、有内容、有人才的要求，健全乡村公共文化服务体系。发挥县级公共文化机构辐射作用，推进基层综合性文化服务中心建设，实现乡村两级公共文化服务全覆盖，提升服务效能。深入推进文化惠民，公共文化资源要重点向乡村倾斜，提供更多更好的农村公共文化产品和服务。支持"三农"题材文艺创作生产，鼓励文艺工作者不断推出反映农民生产生活尤其是乡村振兴实践的优秀文艺作品，充分展示新时代农村农民的精神面貌。培育挖掘乡土文化本土人才，开展文化结对帮扶，引导社会各界人士投身乡村文化建设。活跃繁荣农村文化市场，丰富农村文化业态，加强农村文化市场监管。

开展移风易俗行动。广泛开展文明村镇、星级文明户、文明家庭等群众性精神文明创建活动。遏制大操大办、厚葬薄养、人情攀比等陈规陋习。加强无神论宣传教育，丰富农民群众精神文化生活，抵制封建迷信活动。深化农村殡葬改革。加强农村科普工作，提高农民科学文化素养。

（二）中共中央 国务院印发《乡村振兴战略规划（2018—2022 年）》（2018 年 9 月）

丰富乡村文化生活。推动城乡公共文化服务体系融合发展，增加优秀乡村文化产品和服务供给，活跃繁荣农村文化市场，为广大农民提供高质量的精神营养。

健全公共文化服务体系。按照有标准、有网络、有内容、有人才的要求，健全乡村公共文化服务体系。推动县级图书馆、文化馆总分馆制，发挥县级公共文化机构辐射作用，加强基层综合性文化服务中心建设，实现乡村两级公共文化服务全覆盖，提升服务效能。完善农村新闻出版广播电视公共服务覆盖体系，推进数字广播电视户户通，探索农村电影放映的新方法新模式，推进农家书屋延伸服务和提质增效。继续实施公共数字文化工程，积极发挥新媒体作用，使农民群众能便捷获取优质数字文化资源。完善乡村公共体育服务体系，推动村健身设施全覆盖。

增加公共文化产品和服务供给。深入推进文化惠民，为农村地区提供更多更好的公共文化产品和服务。建立农民群众文化需求反馈机制，推动政府向社会购买公共文化服务，开展"菜单式"、"订单式"服务。加强公共文化服务品牌建设，推动形成具有鲜明特色和社会影响力的农村公共文化服务项目。开展文化结对帮扶。支持"三农"题材文艺创作生产，鼓励文艺工作者推出反映农民生产生活尤其是乡村振兴实践的优秀文艺作品。鼓励各级文艺组织深入农村地区开展惠民演出活动。加强农村科普工作，推动全民阅读进家庭、进农村，提高农民科学文化素养。

增加农村公共服务供给。继续把国家社会事业发展的重点放在农村，促进公共教育、医疗卫生、社会保障等资源向农村倾斜，逐步建立健全全民覆盖、普惠共享、城乡一体的基本公共服务体系，推进城乡基本公共服务均等化。

图书在版编目（CIP）数据

中国农村社会事业发展报告.2019 / 农业农村部农村社会事业促进司编. —北京：中国农业出版社，2020.1

ISBN 978-7-109-26579-0

Ⅰ.①中… Ⅱ.①农… Ⅲ.①农村—社会事业—研究报告—中国—2019 Ⅳ.①C916

中国版本图书馆 CIP 数据核字（2020）第 027346 号

中国农业出版社出版

地址：北京市朝阳区麦子店街 18 号楼

邮编：100125

责任编辑：赵　刚

版式设计：王　晨　责任校对：刘飔雨

印刷：中农印务有限公司

版次：2020 年 1 月第 1 版

印次：2020 年 1 月北京第 1 次印刷

发行：新华书店北京发行所

开本：700mm×1000mm　1/16

印张：12.25

字数：160 千字

定价：88.00 元
